Richard Deiss

Silberling und Bügeleisen

1000 Beinamen in Transport und Verkehr und was dahintersteckt

Adresse des Autors:

Machnower Str. 65
D-14165 Berlin
Richard.Deiss@gmail.de

Herstellung und Verlag: Books on Demand GmbH,
Norderstedt

Vierte Auflage 2019
Originalausgabe

Printed in Germany

*Der Inhalt dieses Buches entspricht ausschließlich der
Privatmeinung des Autors.*

ISBN   978-3-839-1626-99

**Bibliografische Information der Deutschen
Nationalbibliothek**

Die Deutsche Nationalbibliothek verzeichnet diese Publikation
in der Deutschen Nationalbibliografie; detaillierte bibliografische
Daten sind im Internet über http://dnb.d-nb.de abrufbar

Inhalt

Vorwort

Was meinen Schienenverkehrskenner eigentlich, wenn sie von einem ‚Silberling‘, einem ‚Krokodil‘ oder einem ‚Ferkeltaxi‘ sprechen? Welches Auto hieß einst ‚Leukoplastbomber‘ und welches ‚Schneewittchensarg‘? In welcher Stadt kann man mit einem ‚Bügeleisen‘ durch den Hafen schippern und wo muss man sich vor einer ‚Brieftaschenfresser‘-Buslinie in Acht nehmen.

Dieses Buch versucht, eine Lücke zu schließen, was die Verkehrsträger übergreifenden Auflistung von Beinamen in Transport und Verkehr betrifft. Beinamen gibt es im Verkehrssektor viele, doch sind diese meist nur für Teilbereiche wie Schienenfahrzeuge, Bahnstrecken oder motorisierte Zweiräder zusammengestellt und diese Listen zudem nur selten in Buchform veröffentlicht. Für manche Verkehrsbereiche gibt es noch keine publizierte Auflistung vorhandener Beinamen. Verkehrsbeinamen sind überdies sehr ungleich über die verschiedenen Verkehrsmittel verteilt. Für Schienenverkehrsmittel und für Straßenfahrzeuge gibt es eine große Zahl, vor allem für Lokomotiven, Motorräder und ältere Autotypen. In der Schifffahrt und in der zivilen Luftfahrt sind geläufige Beinamen dagegen deutlich seltener.

Da es im Verkehrsbereich viele nur lokal bekannte Beinamen für Strecken gibt und manche alten Fahrzeugbeinamen heute nicht mehr gebraucht werden, erhebt dieses Taschenbuch nicht den Anspruch, alle Beinamen abzudecken. In der vierten Auflage wurden Beinamen zu Verkehrsexperten und Straßenbahnlinien neu aufgenommen und die Flughafenbeinamenliste erweitert.

Für Hinweise und Korrekturvorschläge zu den ersten Auflagen möchte ich Jörg Berkes (Langen) und Georg Amtmann (München) herzlich danken.

Bonn, im Juni 2019
Richard Deiss

1.   Straßen

1.1 Historische Straßen

Bereits zu Römerzeiten gab es eine Verbindung von der Ostsee nach Italien. Diese **Bernsteinstraße** (Handel mit Bernsteinen) verlief durch das heutige Polen, durch Böhmen und Österreich und umging den Alpenbogen auf dem Weg zur Adria. Auf dem Gebiet des Römischen Reiches wurde sie im 1. Jahrhundert befestigt und zur römischen Bernsteinstraße ausgebaut. Der durch Österreich verlaufende Teil wird heute als *Österreichische Bernsteinstraße* vermarktet.

Salz war früher zur Konservierung verderblicher Speisen wichtig, entsprechende Bedeutung hatten Salzstraßen. Eine wichtige Verbindung dabei war die **Alte Salzstraße** (100 km lang, im Mittelalter in 3 Tagen zurückgelegt) zwischen der Salzstadt Lüneburg und der Hafenstadt Lübeck, wo das Salz für die Konservierung der Fische verwendet wurde. Von Lübeck aus gab es auch einen Weg an die Westküste, die sogenannte **Lübsche Trade** nach Dithmarschen. Noch heute spiegelt sich der **Hellweg** (lichter, breiter Weg, Name auch als Salzstraße interpretiert), eine alte Straßenverbindung vom Rhein an die Elbe, in Straßennamen in Nordrhein-Westfalen wider. Zum Beispiel in Dortmund, was am Hellweg lag, oder Geseke, welches als Hellwegstadt bezeichnet wird.

Von Venedig über Verona, den Brenner, Innsbruck, Augsburg, Nürnberg, Hof, Leipzig, Bernau zu den Hansestädten an der Ostsee verlief die Reichstraße **Via Imperii**. An der Kreuzung mit der **Via Regia** (von Frankfurt bis Erfurt als **Hohe Straße** bezeichnet) und vom Rhein über Frankfurt und Erfurt nach Schlesien führend, entstand ´bei den Linden´ die Stadt Leipzig (Leipzig leitet sich vom slawischen Wort für Linde ab).

Die **Friesische Straße** war im Mittelalter eine Handelsstraße von Norden/Ostfriesland nach Münster/Westfalen. Die **Bergische Eisenstraße** war wichtig für die Beförderung von Roheisen in den Remscheider und Solinger Raum, wo es eine Konzentration von Eisen verarbeitendem Gewerbe gab.

Von Bayern in die Goldene Stadt Prag führten über das Mittelgebirge einst mehrere Straßen, die ‚Goldene' hießen, so die **Goldene Straße** von Nürnberg nach Prag. Um seine Steuereinnahmen zu optimieren, ließ Kaiser Karl der IV. die Goldene Straße ab Hirschaid einen Bogen nach Norden durch seine Herrschaftsgebiete machen. Die geradlinigere Strecke über Waidhaus durfte nicht benutzt werden und erhielt den Beinamen **Verbotene Straße** (beide Straßen trafen sich bei Pilsen wieder). Nach dem Tod des Kaisers gingen die Händler jedoch wieder dazu über, diese Straße zu nutzen.

Goldener Steig (auch **Guldene Straß**, oder **Goldener Pfad,** Tschechisch: Zlata Stezka) war eine Bezeichnung für verschiedene Routen (oberer, mittlerer, unterer Goldener Steig) von Handelswegen des Bischofs von Passau durch den Bayerischen und Böhmerwald nach Prag. Weitere Altstraßen, die die Höhenzüge an den Grenzen Böhmens überquerten, waren der *Kulmer Steig* in Sachsen und der *Peheimsteig* in Niederösterreich.

Vom Weihrauch produzierenden Oman führte einst die **Weihrauchstraße** über den Jemen und Medina nach Petra, wo sie sich in einen Zweig nach Gaza und einen nach Damaskus teilte. Die Weihrauchstraße war eine seit dem 10. Jahrhundert vor Christus genutzte Karawanenstraße, über die das für kultische Handlungen im Mittelmeerraum genutzte Harz des Weihrauchbaums aus dem Oman exportiert wurde. Oman wird deshalb auch als Arabia felix bezeichnet, weil es das Glück hatte, Weihrauch produzieren zu können. Durch die Nutzung

des Roten Meeres als Seeweg und die Expansion des Islams, in dessen Moscheen kein Weihrauch genutzt wird, verlor die Weihrauchstraße ihre Bedeutung.
Die 8000 km lange **Seidenstraße**, die schon seit über 2000 Jahren bestehende, über den Nahen Osten und Zentralasien verlaufende Handelsverbindung Europas mit China, wurde durch Marco Polo berühmt und diente nicht nur dem Seidenhandel, sondern auch dem Austausch anderer Güter mit China. Ostchina mit Tibet und Nordindien verband wiederum die **Tee- und Pferdestraße**.

Wichtige Römerstraßen		erbaut
Mailand-Lindau	**Via Mala**	
Augsburg - Venedig	**Via Claudia Augusta**	13 v. Chr, über Mittenwald (Porta Claudia) und Bozen
Augsburg-Salzburg	**Via Julia**	
Bodensee-Brenner	**Via Decia**	
Narbonne-Atlantik	**Via Acquitania**	
Nimes-Pyrenäen	**Via Domitia**	118 V. Chr.
Zentralgriechenl.	**Via Egnatia**	
Exeter-Lincoln	**Isca Dumniorum**	Heute: Fosse way
Rom nach Apulien	**Via Appia**	312 v. Chr.
Piacenza- Rimini	**Via Aemilia**	187 v. Chr.
Piacenza nach Pisa	**Via Aemilia Scaura**	109 v. Chr.
Rom-Frankreich	**Via Aurelia**	241 V. Chr.
Toskana-Genua	**Via Clodia**	
Rom-Rimini	**Via Flamini**	
Rom-Capua	**Via Latina**	4. Jh v. Chr
Consentina-Rhegium	**Via Popilia**	
Genua-Aquileia	**Via Postumia**	148 v. Chr.
Rom-Adria	**Via Salaria**	
Cadiz-Pyrenäen	**Via Augusta**	

1.2 Todesstraßen

Die schmale, von steilen Abhängen gesäumte und nicht von Leitplanken geschützte Serpentinenstraße vom La Cumbra Berg (4800 m) nach Coroico gilt als gefährlichste Straße der Welt (*camino mas peligroso del mundo*). Die Straße ist insgesamt 70 Kilometer lang und teilweise nur 3 Meter breit. Pro Jahr stürzten durchschnittlich 30 Fahrzeuge bis zu 1000 Meter abwärts. Der Beiname der Straße ist deshalb **Camino de la Muerte**, oder im Englischen *Death Road* beziehungsweise *Highway to Hell*. Mittlerweile ist die Straße für Kraftfahrzeuge gesperrt und dient Touristen als Mountainbikepiste. Manche LKW-Fahrer nutzen sie trotzdem, um Umwege zu sparen, was sie weiter gefährlich macht.

Zeitweise noch wesentlich gefährlicher war die 12 km lange, als **Route Irish** (nach einer US-Kompanie) bezeichnete Verbindung vom Flughafen Bagdad zur gesicherten Grünen Zone, dem ehemaligen Palastviertel Saddam Husseins im Zentrum Bagdads. Eine Taxifahrt kostete wegen der Gefahr durch Autobomben, Selbstmordattentäter und Heckenschützen zu bestimmten Zeiten 3000 US-Dollar. Heute sind es etwa 50 Dollar, da die Straße mittlerweile besser gesichert ist.

Im Irak gibt es eine weitere Todesstraße, den **Highway of Death.** So wurde die Verbindung Kuwait-Basra nach dem 1. Irakkrieg genannt, weil sie von 1500 ausgebrannten irakischen Militärfahrzeugen (Panzer, LKW), die durch einen amerikanischen Luftangriff zerstört worden waren, gesäumt war.

Mitte der 90er Jahre war auch die **Sniper Alley,** ein Boulevard im Herzen Sarajevos, zumindest für Fußgänger sehr gefährlich, da diese von Heckenschützen aus den Hochhäusern und von den Bergen beschossen wurden. Insgesamt dauerte die Belagerung vier Jahre, von April 1992 bis Februar 1996. 12 000 Menschen kamen in Sarajevo ums Leben, auf der *Sniper Alley* wurden über 1000 Menschen verwundet und 225 getötet, darunter mehr als 30 Kinder. Die Unterzeichnung des von Bill Clinton forcierten Dayton-Abkommens im Herbst 1995 hatte schließlich das Ende der Belagerung herbeigeführt und die Sicherheitslage schlagartig verbessert. Sarajevo ist heute eine friedliche und boomende Stadt.

Die **Straße der Knochen** in Russland (*Knochenstraße, Straße der Gebeine, Road of Bones*), die vom Pazifikhafen Magadan nach Jakutsk in Sibirien verläuft, ist nicht wegen ihrer Unfallzahl berüchtigt (diese ist wahrscheinlich, wie in Russland üblich, relativ hoch), sondern weil sie von Strafgefangenen unter schwierigsten Bedingungen und größten Verlusten erbaut wurde. Tausende kamen ums Leben, als unter Stalin politische Häftlinge mit einfachsten Mitteln diese Straße im Permafrostboden und Wintertemperaturen von unter 70 Grad Celsius anlegten. Angeblich starb beim Bau ein Gefangener pro Meter, das wären bei einer Länge von über 1000 Kilometern über ein Million Menschen, wahrscheinlich war die Zahl geringer, jedoch starben sicher Zehntausende. Die Knochen der an Entbehrung Gestorbenen wurden teilweise einfach ins Fundament eingebaut, deshalb der Name.

In Deutschland gibt es mehrere Straßen, die als überdurchschnittlich unfallträchtig gelten. Im Süden hatte die B12 von Lindau nach Passau lange den Ruf gefährlich zu sein und deshalb den entsprechenden Beinamen ‚**Todesstraße Nr. 1**'. Vor allem der niederbayerische Streckenteil gilt noch heute als unsicher. Typisch für den dünnbesiedelten ländlichen Raum kommt es vor allem im Discoverkehr am Wochenende zu vielen alkoholbedingten Todesfällen. Im Landkreis Mühldorf wird die B12 wegen zahlreicher Todesfälle als **Straße der Grab-**

lichter bezeichnet. Zwischen Forstinning und Pocking wird sie auch als Todesstrecke Nr. 1 bezeichnet. In 20 Jahren kamen dort fast 350 Menschen ums Leben. *Horrorstrecke* und *Todesstraße* sind andere Bezeichnungen der Straße. Westlich von München macht die B12 dagegen kaum Schlagzeilen. Mittlerweile ist der westliche Streckenteil zudem teilweise durch die A96 entlastet.

Als **Todesstraße** im Norden (auch „Todesstrecke") gilt die von Hamburg nach Cuxhaven verlaufende B73. Hier sind pro Tag bis zu 40 000 Fahrzeuge unterwegs. Im Zeitraum 1995-2000 starben auf dieser 100 km langen, überlasteten Strecke pro Jahr 12 Menschen. Nach Verkehrssicherheitsmaßnahmen ist die Zahl auf heute 4 Tote pro Jahr gesunken.

1988 stürzte ein US-Kampfflugzeug in ein Wohngebiet Remscheids an der Stockder Straße. Die Anwohner befürchteten, dass die Maschine uranhaltige Waffen an Bord hatte und es zu einer Kontamination gekommen war. Die Boulevard-Presse sprach schnell von einer Todesstraße, aus ganz anderen Gründen also als bei Fernverkehrsstraßen.

Zeitweise als Todesstraße titulierte Straßen

Autobahnen sind insgesamt sicherer als andere Straßen, da sie getrennte Richtungsfahrbahnen aufweisen und es zu keiner Mischung mit langsamem und nichtmotorisiertem Verkehr kommt. Kommt es zu einer Häufung von Unfällen, besonders bei neuen Straßen, sind Presse und Volksmund jedoch schnell mit dem Begriff 'Todesstraße' zur Hand. Meistens verbessert sich die Sicherheit durch verschiedene Maßnahmen jedoch kontinuierlich, so dass manche Bezeichnungen nicht mehr gerechtfertigt sein dürften.

Die A12 Berlin-Frankfurt(Oder) gilt als unfallträchtige Autobahn. Die Verlängerung auf polnischer Seite nach Posen (Bundesstraße) wird als **Todesstraße** bezeichnet.

Die A14 Leipzig-Magdeburg wurde nach ihrer Eröffnung zeitweise von der Presse **Todesautobahn** genannt, weil es zu vielen tödlichen Unfällen kam. Dieser Begriff hat sich jedoch nicht etabliert.

Die S 16 Dalaas (Vorarlberg)- Tirol, eine Verbindungsstrecke zwischen der A14 in Vorarlberg und der A12 in Tirol ist für ihre Unfallhäufigkeit berüchtigt und als **Todesstrecke** bekannt. Die Sicherheit der Straße hat sich durch Ausbaumaßnahmen in den letzten Jahren jedoch verbessert. Auch die B317 bei Friesach (Kärnten) wurde zeitweise Todesstrecke genannt, da sie zunehmend von Mautflüchtlingen genutzt wurde und die Unfallzahlen stiegen.

Die A4 im Züricher Weinland (Süden Zürichs) hat wegen ihrer Unfallhäufigkeit den Beinamen **Todesstrecke**. Durch verschiedene Straßenbaumaßnahmen wird versucht, ihre Sicherheit zu verbessern.
In den Niederlanden gilt die Straße N9 zwischen Alkmaar und Den Helder als Todesstrecke.
In Frankreich hat die Autoroute 50 zwischen Lachute und Mirabel einen ähnlichen Ruf.

In China gilt der Jingjintang Expressway als **Road of Death**. Die 143 km lange unfallträchtige Fernstraße führt von Peking über Tianjin in den Tanggu Distrikt.

1.3 Ferienstraßen

In Deutschland gibt es heute über 150 Ferienstraßen und es kommen immer noch neue dazu. Während es ursprünglich darum ging, dem großstädtischen Autofahrer die Landschaft nahe zu bringen, versuchten spätere an Baukultur orientierte Ferienstraßen, Touristen ins Land zu locken. In den letzten Jahrzehnten besann man sich zudem auf gewerbegeschichtliche Sehenswürdigkeiten (Uhrenstraße, Glasstraße) und schließlich auf noch zeitnähere Themen (Krimistraße, Fußballroute).

Eine der ältesten und landschaftlich schönsten Ferienstraßen ist die **Schwarzwaldhochstraße** von Baden-Baden nach Freudenstadt, die 1930 eröffnet wurde und 65 km lang ist. Von Lindau über Füssen und Garmisch nach Berchtesgaden verläuft die **Deutsche Alpenstraße**, die in den 30er Jahren unter touristischen und strategischen Gesichtspunkten entlang der deutsch-österreichischen Grenze gebaut, infolge des Krieges jedoch nur teilweise realisiert werden konnte. Das Projekt einer Alpenstraße wurde zur Förderung des Tourismus bereits 1927 vorgeschlagen, und 1932 dokumentiert. Nach der Machtübernahme machten die Nazis die Alpenstraße zu ihrem Prestigeobjekt. Etwa 257 von etwa 450 geplanten Kilometern wurden bis 1939 fertig gestellt. Durch den Krieg kam es zu einem Stillstand der Arbeiten. 1956-1962 wurden weitere 62 km gebaut, damit bestanden noch 85 km Ausbaulücken. Abschwenker nach Norden zeigen, dass auch heute noch keine durchgehende Alpenrandverbindung besteht. Die **Deutsche Weinstraße** verläuft in Rheinland-Pfalz auf der Bundesstraße 271 und B38 (alt) durch das größte Weinanbaugebiet Deutschlands zwischen den Orten Bockenheim und Schweigen-Rechtenbach. Zu den im Ausland berühmtesten deutschen Ferienstraßen zählt die **Romantische Straße** von

Würzburg nach Füssen, die vor allem bei Amerikanern und Japanern beliebte touristische Highlights wie Rothenburg ob der Tauber und Neuschwanstein verbindet. Sie wurde bereits 1950 gegründet und ist 366 km lang. Allerdings ist die Verbindung durch Straßenausbau nur noch auf Nebenstraßen romantisch. Im Jahr 2006 wurde zusätzlich ein entsprechender romantischer Weitwanderweg eingerichtet.

Die **Burgenstraße**, 1954 gegründet, führte ursprünglich von Mannheim nach Nürnberg. 1994 wurde sie nach Prag erweitert. Im Jahre 1966 wurde die **Oberschwäbische Barockstraße** eingerichtet, die mit Teilrouten netzartig alle relevanten Orten Oberschwabens zwischen Donau und Bodensee verbindet (die Südroute verläuft sogar durch Österreich und die Schweiz).

1975 wurde die 600 km lange **Deutsche Märchenstraße** gegründet, die von Hanau nach Bremen verläuft und wichtige Städte und Sehenswürdigkeiten verbindet, die im Zusammenhang mit den Märchen der Brüder Grimm stehen. Die entsprechende Webseite hat neben einer deutschen Version eine japanische und eine chinesische. (http://www.deutsche-maerchenstrasse.com)

Die 1990 ins Leben gerufene **Deutsche Fachwerkstraße** hat 9 nicht miteinander verbundene Teilstrecken in 6 Bundesländern zwischen Elbe und Bodensee, ist insgesamt 2000 km lang und verbindet 103 Fachwerkstädte von der Elbe bis zum Bodensee. Der erste Abschnitt **der Deutschen Alleenstraße**, die Verbindung Sellin auf Rügen – Rheinsberg, wurde 1993 festgelegt. Ziel war vor allem der Erhalt ostdeutscher Alleestraßen. Mittlerweile ist die Alleenstraße über 1000 km lang und verbindet Rügen mit dem Bodensee. Eine neuere Gründung ist die **Fußballroute NRW**, die im Jahr 2005 eröffnet wurde und 15 Städte von Aachen bis Bielefeld im wichtigen Fußballland Nordrhein-Westfalen verbindet.

Ferienstraße	Verlauf
Aischgründer Bierstraße	Bad Windsheim-Uehlfeld
Alte Salzstraße	Lüneburg-Lübeck
Badische Spargelstraße	Schwetzingen -Lichtenau-Scherzheim
Badische Weinstraße	Baden-Baden -Weil am Rhein
Bergstraße	Darmstadt -Wiesloch
Deutsche Edelsteinstraße	Idar-Oberstein --Mörscheid-Oberstein
Deutsche Fährstraße	Kiel-Bremervörde
Deutsche Fehnroute	Papenburger Raum, Emsland, Friesland
Deutsche Ferienroute Alpen-Ostsee	Berchtesgaden-Puttgarden
Deutsche Limes-Straße	Bad Hönningen-Regensburg
Deutsche Tonstraße	Fürstenberg-Oranienburg-Velten
Deutsche Uhrenstraße	Villingen-Schwennigen -Bad Dürrheim
Elbufer-Straße	Laßrönne-Stöckte
Europäische Goethe-Straße	Karlsbad-Venedig
Glasstraße	Waldsassen-Passau
Hanse-Route	Bremen-Greifswald
Harz-Heide Straße	Göttingen-Harz-Lüneburg
Hohenzollernstraße	Haigerloch-Glatt
Idyllische Straße	Naturpark Schwäbisch-Fränk. Wald
Keltenstrasse	Glauberg -Büdingen
Klassikerstraße	Eisenach-Erfurt-Weimar-Jena-Meiningen
Mitteldeutsche Straße d. Braunkohle	Bitterfeld-Röblingen
Moselschiefer-Straße	Mayen-Münstereifel-Cochem-Monreal
Nibelungenstraße	Worms-Wertheim
Niedersächsische Mühlenstraße	Bremerv.-Lüchow, Harburg – Gifhorn
Rheinischer Sagenweg	Düsseld.-Limburg, Koblenz-Bingen-Mainz
Sächsische Weinstraße	Diesbar-Seußlitz-Pirna
Schwarzwaldhochstraße	Baden-Baden-Freudenstadt
Straße der Romanik	Magdeburg-Pretzien, Seehausen -Hecklingen
Schwäbische Albstraße	Trossingen-Nördlingen
Schwäbische Bäderstraße	Überlingen-Bad Wörishofen
Schwäbische Dichterstraße	Bad Mergentheim-Meersburg
Schwedenstraße	Gadebusch-Wolgast, Gadebusch- Großbeeren
Siegfriedstraße	Worms-Wertheim
Silberstraße	Zwickau-Dresden
Straße der Kaiser und Könige	Frankfurt am Main – Budapest
Störtebeker-Straße	Freiburg-Hamburg
Straße der Staufer	Bad Boll-Giengen/Brenz
Straße der Weserrenaissance	Hannoversch Münden – Bremen
Thüringer Porzellanstraße	Südliches Thüringen, Plaue-Triptis

1.4 Fernstraßen

Da Autobahnen nicht überall durchsetzbar sind, werden Bundesstraßen oft autobahnmäßig ausgebaut (jedoch mit Geschwindigkeitsbegrenzung), vor allem auch im umweltbewussten Baden-Württemberg Diese autobahnähnlichen Bundesstraßen werden wegen dem Farbcode für diese Straßenart **Gelbe Autobahnen** genannt. Weitere Bundesstraßen mit Beinamen sind die B2 als Olympiastraße (Abschnitt München-Garmisch, 1936 eröffnet), die B3 im Abschnitt Darmstadt-Wiesloch als Bergstraße, die B7 nach Holland, die deshalb innerorts oft Holländische Straße genannt wird, und die B9, die im Stadtbereich Bonn als **Bundesallee** bezeichnet wurde.

Die A2 vom Ruhrgebiet nach Berlin hat den Spitznamen **Warschauer Allee,** da sie Teil der Verbindung nach Polen ist. Sie verläuft in etwa parallel zur Bundesstraße 1, der ehemaligen **Reichsstraße Nr. 1** von Aachen nach Königsberg.

Ein gestreckter Kreisverkehr in Stuttgart-Echterdingen, der die Anschlussstelle Stuttgart-Degerloch zwischen der A8 und der B27 bildet, hat den Spitznamen **Echterdinger Ei**, obwohl er nach Umbauten im Jahre 2002 heute eher Windmühlenform hat.

Weil die Wirtschaft Indiens boomt, die Infrastruktur aber unzureichend ist, gibt es ehrgeizige Pläne, das Fernstraßensystem des Landes auszubauen, darunter das Autobahnprojekt **Golden Quadrilateral.** Dieses *Goldene Viereck* soll die wichtigsten Metropolen Indiens (Delhi, Mumbai/Bombay, Madras, Kalkutta) miteinander verbinden.

Die amerikanische Fernstraße Route 66, die von Chicago nach Los Angeles verläuft und eine Art amerikanische Ikone darstellt, hat verschiedene Beinamen, darunter The **Mother Road**, The **Main Street of America** und, nach einem US-Komiker aus Oklahoma, the **Will Rogers Highway**. Wie der Jakobsweg, die berühmte Pilgerstraße nach Santiago de Compostela, wird sie auch als **Straße der Sehnsucht** bezeichnet. Die Nord-Südverbindung Interstate 55 hat den Spitznamen **Double Nickel**. Nickel ist ein anderer Ausdruck für das 5-Cent-Stück der US-Währung. Auch Ballungsräume umfahrende Autobahnringe haben in den USA zum Teil Spitznamen, so z.B. **Watermelon 400** (wegen der Größe des Rings) für den Autobahnring um Atlanta.

Transamazonica ist ein Straßenprojekt in Südamerika, das den Kontinent auf der Höhe des Äquators von Ozean zu Ozean und damit vor allem das Amazonasgebiet durchqueren soll.

Die Europastraße E55 von Zinnwald nach Teplice entwickelte sich nach der Wende zum **größten Straßenstrich Europas**. Die Zahl der Prostituierten soll dort jedoch in den letzten Jahren aufgrund des EU-Beitritts der Tschechischen Republik (kaum mehr Wartezeiten der LKW-Fahrer an den Grenzen, steigende Einkommen) immer weiter zurückgegangen sein.

In der Nähe von São Paulo gibt es eine Straße mit vielen Motels für Paare, diese wird deshalb **Straße der Liebe** genannt. Auch in Kairo gibt es eine Straße der Liebe mit langsam fahrenden Autos, was es Pärchen ermöglicht innerhalb ihrer Autos den streng islamischen Moralvorstellungen zu entfliehen. Der **Autoput**, die das Land durchquerende internationale Fernstraße im ehemaligen Jugoslawien, wurde auch als *Route der Leiden* (wegen der langen schwierigen Fahrt) oder **Gastarbeiterroute** bezeichnet. Diesen Titel trugen auch verschiedene Nord-Süd-Straßen in Österreich, darunter auch die Strecken der **Phyrn-Autobahn** der Steiermark, die eine Verlängerung der Balkanrouten in den Norden darstellten.

1.5 Autobahnen

Autobahnen haben öfters Beinamen, allerdings sind dies zum großen Teil geographische Lagebezeichnungen. Zu den originellen Varianten gehört **Ostfriesenspieß** (im Volksmund auch Emslandautobahn genannt) für die A31 von Emden nach Bottrop. Auf dieser Autobahn pendeln viele Ostfriesen Richtung Ruhrgebiet. Die A 27 wird nach einem Nordseefisch auch **Schellfischlinie** genannt, ein Streckenteil Blocklandautobahn, nach dem größten zusammenhängenden landwirtschaftlichen Gebiet Bremens. Die A40, Ruhrschnellweg ist eine Autobahn, die sich historisch aus Vorgängerstraßen entwickelt hat. Zuerst wurde die Ost-West-Reichstraße R1 dreispurig ausgebaut. In den 1960er Jahren folgte ein Ausbau zur vierstreifigen Bundesstraße. Zwischen Duisburg und Bochum kam es dann 1977 zur Aufstufung zur A 430. 1992 wurde die Autobahn in A40 umbenannt. Eine Verlängerung durch Dortmund mit Tunnelstrecken ist geplant. Trotz des Ausbaus haben die Staus seit den 1990er Jahren zugenommen. Der Volksmund spricht deshalb vom **Ruhrschleichweg** beziehungsweise vom **Ruhrstauweg**. Vom Ruhrgebiet weiter nach Berlin (und damit ein Verkehrsweg nach Polen) führt die A2, die wegen der hohen Zahl polnischer Fahrzeuge im Volksmund auch ‚Warschauer Allee' genannt wird. Was die A2 nicht ganz schafft, erreicht die A6: sie quert Deutschland von Grenze zu Grenze, von der deutsch-französischen Grenze bei Saarbrücken bis zur deutsch-tschechischen Grenze bei Waidhaus. Nach Kaiser Karl V., der die Straßenverbindung zwischen den damals wichtigen Reichsstädten Nürnberg und Prag zur Reichsstraße erhob, wird die Nürnberg tangierende Autobahn A6 auch **Via Carolina** genannt. Vogelfluglinie bezeichnet eigentlich die Schiffsverbindung von Fehmarn zur dänischen Insel Lolland, doch auch ein A1-Autobahnabschnitt wird so genannt.

Nr.	Beiname, Spitzname	Verlauf
A1	Hansalinie	Oldenburg – Saarbrücken
A1	Vogelfluglinie	Teil: Lübeck-Puttgarden
A2	Warschauer Allee	
A 5	Hafraba (Hamburg-Frankfurt-Basel)	Hattenbach – Weil am Rhein
A 6	Via Carolina	Saarbrücken-Waidhaus
A 10	Berliner Ring	Rund um Berlin
A 15	Spreewaldautobahn	Forst – Lübbenau/Spreewald
A 20	Küstenautobahn, Ostseeautobahn	Stettin – Lübeck
A 23	Westküstenautobahn	Heide – Hamburg
A 25	Marschenlinie	Hamburg Südost – Geesthacht
A 27	Schellfischlinie Teil Bremen-Burglesum: Blocklandautobahn	Walsrode – nordwestlich nach Bremen, östlich nach Cuxhaven
A 31	Ostfriesenspieß Emslandautobahn	Emden – Bottrop
A37	Messeschnellweg, nördl. Teil: Moorautobahn	Burgdorf – Hannover-Misburg
A38	Südharzautobahn	Göttingen Leipzig
A 40	Ruhrschnellweg	Straelen – Holzwickede
A42	Emscherschnellweg	Kamp-Lintfort-Castrop-Rauxel
A44	DüBoDo	Düsseldorf-Dortmund
A45	Sauerlandlinie Westerwaldautobahn	Dortmund – Aschaffenburg
A66	Rhein-Main-Schnellweg	Wiesbaden – Dreieck Fulda
A 70	Maintalautobahn	Schweinfurt – Bayreuth
A 73	Frankenschnellweg	Suhl – Nürnberg
A 86	Schwarzwaldautobahn	Breisach – Langenau
A 93	Inntalautobahn	Abschnitt Rosenheim-Kiefersfelden der A93
A 98	Voralpenautobahn	Singen – Lindau
A 113	Teltowkanal-Autobahn	Dreieck Neukölln – Schönefelder Kreuz
A 395	Harz-Autobahn	Braunschweig - Vienenburg
A 661	Taunusschnellweg	Oberursel – Egelsbach

Neben der im vorigen Kapitel erwähnten **Phyrnauto-bahn** ist die **Tauernautobahn** eine wichtige Transitroute von Deutschland durch Österreich nach Südosteuropa. In der Schweiz ist die den Jura überquerende **Transjurane** als eine Autobahn mit speziellem Beinamen erwähnens-wert.

Auto bahn	Beiname, Spitzname	Verlauf
Österreich		
A7	Mühlkreis-Autobahn	Linz-Unterweitersdorf
A8	Innkreis-Autobahn	Passau-Wels-Knoten Voralpenkreuz
A9	Phyrn-Autobahn	Knoten Voralpenkreuz-Graz-(Maribor)
A10	Tauern-Autobahn	Salzburg-Villach
A 11	Karawanken-Autobahn	Villach-Karawankentunnel
A12	Inntal-Autobahn	Kufstein-Arlberg
A 13	Brenner-Autobahn	Innsbruck-Brenner
A 14	Rheintal/Walgau- Autob.	Lindau-Bludenz
A22	Donauufer-Autobahn	Wien-Stockerau
Schweiz		
A2	Gotthardroute	Basel-Chiasso
A 16	Transjurane	Boncourt (Jura)- Grenze F.
A52	Forchstraße	Zumikon-Hinwil
A53	Oberlandautobahn	Brüttisellen-Reichenburg

In Griechenland hat die Nord-Süd-Hauptautobahnachse A1, die von der Grenze zu Mazedonien nach Piräus führt das Akronym **PATHE**.

In Spanien haben die meisten Autobahnen schlichte geo-graphische Bezeichnungen wie Nordost oder Süd. Ausnahmen sind die A49 von Sevilla nach Portugal, die **Autovia del Quinto Centenario** genannt wird, Autobahn des 500. Jahrestages (der Entdeckung Amerikas) also, und die **Autovia Mudejar** von Sagunto nach Huesca, die nach den nach der Reconquista in Spanien verbleibenden Muslimen (Mudejaren) benannt ist.

In Kroatien wird die Verbindung Zagreb zur dalmatinischen Küste nach Split auch **Dalmatina** genannt. Eine Verlängerung nach Dubrovnik, für die eine Brücke errichtet werden muss, um bosnisches Territorium zu umgehen, ist in Bau.

In Italien führt die **Strada del Sole** von Mailand Richtung Sonne nach Neapel. Diese 1964 eröffnete Straße hatte anfangs auch den Spitznamen Strada dei soli (der Wenigen), da im ersten Jahr pro Tag nur 6000 Autos fuhren (heute 80 000/Tag). Eine Ost-West-Autobahnverbindung in Norditalien wird nach dem Beinamen Venedigs auch Serenissima genannt. Die A6 von Turin nach Savona ans Mittelmeer heißt offiziell Meeresblick (verdemare), wird wegen ihrer Unfallhäufigkeit aber auch **Todesautobahn** genannt. Die Straße von Savona nach Ventimiglia hat dagegen die angenehmere Bezeichnung **Blumenautobahn** (**Autostrada dei Fiori**). Die 1924 eröffnete Autobahn von Mailand nach Varese (A8, Autostrada dei Laghi, der Seen) war die erste Italiens und die erste zwei Städte verbindende Autobahn der Welt (auch erste Mautautobahn, die AVUS in Berlin war dagegen die erste innerstädtische Autobahn). Die vom Lago Maggiore nach Genua führende Autobahn A26 hat auch den Beinamen Tunnelautobahn (**Autostrada dei Trafori**). Den Südrand der Poebene entlang zwischen Turin und Brescia führt die Autostrada dei Vini (des Weines), von Rom in die Nationalparks der Apeninnenberge führt die A24/A25, auch Autobahn der Parks (dei Parchi) genannt.

Auto bahn	Beiname, Spitzname	Verlauf
A1	Autostrada del Sole	Mailand-Neapel
A4	Autostrada Serenissima	Turin-Triest
A6	Autostrada Verdemare (inoffiziell: della Morte)	Turin-Savona
A8	Autostrada dei Laghi (Seenautobahn)	Mailand-Varese
A 10	Autostrada dei Fiori (Blumenautobahn)	Savona-Ventimiglia
A 12	Autostrada Azzurra (Blaue Autobahn)	Genua-Livorno
A 21	Autostrada dei Vini (Weinautobahn)	Turin- Brescia
A 24	Autostrada dei Parchi (Nationalparkautopahn)	Rom-Appeninnen-Adria
A 26	Autostrada dei Trafori (Autobahn der Tunnel)	Gravellone-Genua

Auch in Frankreich gibt es eine Autobahn der Sonne, die **Autoroute du Soleil** A6 von Paris nach Lyon (und als A7 weiter nach Marseille). Die Autobahn von Paris Richtung Belgien wird auch **Autoroute Européenne** (A16) genannt, der Abzweig zum Kanaltunnel auch **Autoroute des Anglais** (A26). **L´Ocitane** (A20) ist eine Autobahn in Südfrankreich (Okzitanien). Im storchenreichen Elsass verläuft am Ostrand der Vogesen die Autobahn der Störche (**Autoroute des Cigognes**). Die in Nord-Südrichtung verlaufende A31 wird wegen vieler Auffahrunfälle auch *Autoroute des Carambolages*, und wegen der vielen dort fahrenden belgischen Karavans **Autoroute des Caravanes Belges** genannt. Die vom Saône-Tal in die Hochalpen Richtung Mont Blanc führende A40 wird Weiße Berge-Autobahn, oder Autobahn der Titanen genannt. Schließlich gibt es in Frankreich mit der A77 noch eine *Autobahn des Baumes*

(*Autoroute de l'Arbre*), sowie eine *Autobahn der Vögel* (*Autoroute des Oiseaux*, A837). Die A89 wird wiederum die Transeuropäische (**la Transeuropéenne**) oder die Autobahn des Präsidenten (sie führt zu Miterrands Geburtsort) oder auch *leere Autobahn* genannt.

Frankreich		
A1	Autoroute du Nord	Paris-Lille
A5	L'Orientale	Vert-Saint-Denis-Langres
A6/A7	Autoroute du Soleil	A6: Paris-Lyon, A7: Lyon-Marseille
A8	La Provençale	La Fare-les Oliviers-Italien
A 9	La Languedocienne	Orange-Narbonne-Spanien
A 10	L'Acquitaine	Rungis-Orly-Bordeaux
A 12	Autoroute de Bretagne	Rocquencourt-Trappes
A 13	Autoroute de Normandie	Paris-Caen
A 16	Autoroute des Estuaires, L'Européenne	Belgien-Beauvais-Abbeville
A 20	L'Ocitane	Vierzon-Montauban
A 21	Rocade Minière	Lens-Douai-Denain
A 26	Autoroute des Anglais	Troyes-Calais
A 31	Autoroute des Carambolages/Caravanes Belges	Beaune-Luxemburg
A 35	Autoroute de Cigognes	Lauterbourg-Schweiz
A36	La Comtoise	Ladoix-Serrigny-Deutschland
A 39	L'autoroute Verte	Dijon- Bourg-en -Bresse
A 40	Autoroute des Titans, Autoroute Blanche	Macon-Mont Blanc-Tunnel
A 51	Autoroute du la Val de Durance/ des Alpes	Marseille-Grenoble
A 71	L'Arverne	Orléans-Clermont-Ferrand
A 75	La Méridienne	Clermant-Ferrand-Pézenas
A 77	L'autoroute de l'Arbre (des Baumes)	Rosiers-Nevers
A 89	La Transeuropéenne, Autoroute des Présidents	Lyon-Bordeaux
A 837	Autoroute des Oiseaux (der Vögel)	Rochefort-A10

1.6 Städtische Straßen, Unterführungen

Es gibt eine erstaunliche Vielfalt von Bezeichnungen für Unterführungen. In Mannheim nennt der Volksmund die unter der Bahntrasse hindurch führende Tunnelstraße auch Suezkanal. In verschiedenen Städten gelten dunkle Fußgängertunnel auch als Angströhre, bei entsprechendem Geruch manchmal auch als Harnröhre. Mausloch (im schwäbischen zudem die Variante Hennaloch, ein Hennenloch), Mausefalle gibt es und sogar ein Mausoleum. Eine Deppenfalle ist ein Straßentunnel mit Höhenbeschränkung, in welchem zu hohe Nutzfahrzeuge hängen bleiben. In der Schweiz wird das Mäuseloch nicht nur zum Muusloch, hier ist man mit Begriffen wie Zwetschge und Blinddarm zudem sehr kreativ.

Stadt	Unterführung	Beiname
Erfurt	Bahnuf Azmannsdorfer Weg	Schwarzes Loch
Haste	Bahnunterführung	Backofen
Mannheim	Tunnelstraße	Suezkanal
Mannheim	Kaiserring	Borellygrotte
Augsburg	Pferseer Unterf.	Angströhre
Lohr-Sackenbach	Bahnunterführung	Scheißbögele
Meitingen	Bahnunterführung	Hennaloch
Bochum	Ehrenfeld	Mausefalle
Pinneberg	Bahntunnel	Angströhre
Rotenburg	Bahnuf. Nürnberger Str.	Tunnelchen
Sinzig	Bahnhofsunterführung	Harnröhre
Tübingen	Flutkanal Bahn	Gruseltunnel
Wuppertal	HBF-Verbindungsgang	Harnröhre
Brackwede	Eisenbahnunterf.	Sommerloch
Brugg (CH)	SBB (Fußgänger)	Muusloch
Frauenfeld (CH)	SBB (Straße)	Deppenfalle
Schlieren (CH)	Zentrum	Mausoleum
Uzwil	Bahnhofstunnel	Zwetschge
Baden (CH)	Gleisunterführung	Blinddarm

1.7 Verkehrsberuhigung

Bremsschwellen sind vor allem in Lateinamerika verbreitet. In Mexiko heißen sie offiziell Tope, der Volks mund sagt aber auch (wie in vielen anderen Ländern) Schlafender Polizist (Policia dormido). In Panama sagt der Volksmund dagegen Policia Muerto, toter Polizist also (manche US-Amerikaner sehen dies ebenso). Für die Peruaner ist die Schwelle ein Backenzahnbrecher, für die Brasilianer ein Stoßdämpferbrecher.

Während in Lateinamerika Schwellen auch auf Fern-straßen verlegt werden, sind sie in Europa weitgehend den Stadtstraßen vorbehalten. Die Franzosen sagen zu solchen Schwellen auch *Eselsrücken*. In Deutschland wurden sie erstmals 1988 erprobt und zwar in Krefeld. Deshalb heißen sie auch **Krefelder Kissen**. Varianten davon sind *Berliner Kissen, Kölner Teller* oder *Delfter Hügel* (im holländischen Delft gibt es übrigens keine natürlichen Hügel). Im Ruhrgebiet heißen die Schwellen auch *Huckel*, der Volksmund sagt auch *GTI Bremse*.

Bremsschwellenbezeichnungen (offizielle und Spitznamen)		
Deutschland	Bremsschwelle Berliner Kissen Kölner Schwellen Delfter Hügel	Auch Huckel (Ruhrpott), Bremshuppel GTI-Bremse, Poller
Brasilien	Quebra Mola	Stoßdämpferbrecher
Frankreich	Dos d´ane	Eselsrücken
Mexiko	Tope	
Niederlande	Drempel	
Panama	Policia muerto	Toter Polizist
Peru	Rompe muela	Backenzahnbrecher
Russland	Liegende Polizisten	
Australien	Sleeping policemen	
USA	Mexican bumps, dead cops	

2. Brücken

2.1 Brücken- allgemein

Etliche Brücken sind nach ihrem vorherrschenden Farb-
eindruck benannt, so gibt es mehrere **Blaue Brücken**,
zum Beispiel die stählerne Brücke „**Blaues Wunder**" in
Dresden, eine Brücke in Tübingen, eine Fahrradbrücke in
Freiburg (offiziell nach der Partnerstadt in Nicaragua
Wiwili-Brücke getauft) usw. Eine bekannte „**Rote
Brücke**" gibt es in Luxemburg (Großherzogin-Charlotte-
Brücke, Rout Bréck), in Surabaya (Indonesien), und auch
eine Straßenbrücke auf der B31 im Schwarzwald wird
rote Brücke genannt. In Bonn gibt es schließlich eine
Bahnbrücke, die schwarze Brücke heißt. Eine zweite
Bahnbrücke wurde zur Unterscheidung weiße Brücke
genannt, obwohl sie gar nicht weiß ist.
Im Hamburger Stadtteil Billbrook überqueren die Bille
eine **Rote**, **Gelbe**, **Blaue**, **Braune**, **Grüne** und eine
Schwarze Brücke. Der Name des Flusses selbst kommt
interessanterweise aus dem Slawischen (bjela) und bedeutet weiß. Die Hoga Kusta (Hohe Küste) Hängebrücke
in Schweden wird wegen ihrer Farbe und in Anlehnung
an die Golden Gate, **Silberne Brücke** genannt.
Mehrere Schrägseilbrücken haben wegen ihres Aussehens
den Spitznamen **die Harfe**, oder auch **der Schwan**,
darunter die Calatrava-Brücke zum Ausstellungsgelände
der Expo 92 in Sevilla oder die 1996 fertig gestellte
Erasmusbrücke in Rotterdam mit ihrem schräg gestellten
Pylonen.
Die 1913 erbaute Eisenbahnhochbrücke über den Nord-
Ostseekanal bei Rendsburg hat den Beinamen „**Eiserne
Lady**". 17 700 Tonnen Stahl wurden für die 2.5 km und
42 m hohe lange Brücke verbaut, 3.2 Millionen Nieten
halten sie zusammen.

Ebenfalls in Schleswig-Holstein befindet sich `der größte Kleiderbügel Europas´, die Fehmarnsundbrücke, eine 963 m lange (lichte Höhe: 23 m) kombinierte Straßen- und Eisenbahnbrücke, die 1963 erbaut wurde (Architekt Gerd Lohmer). Die weltberühmte 1932 eröffnete 1.1 km lange Hafenbrücke von Sydney, wird wegen ihrer Form ebenfalls Kleiderbügel (**coathanger**) genannt. Bei ihr handelt es sich ebenfalls um eine kombinierte Straßen- und Eisenbahnbrücke. 53 000 Tonnen Stahl, welcher von 6 Millionen Nieten zusammengehalten wird, wurden hierbei verbaut. Während der Weltwirtschaftskrise der 1920er Jahre hatte die Brücke auch den Spitznamen ‚Iron Lung‘ (Eiserne Lunge), da ihr Bau vielen Arbeitern Beschäftigung gab und dazu beitrug, dass der örtlichen Wirtschaft nicht die Puste ausging.

Galloping Gertie war ein Spitzname der kurzlebigen, 1.8 km langen Tacoma Narrows Bridge im US-Bundesstaat Washington. Diese Brücke wurde im Juli 1940 erbaut und war für ihre starken Vertikalbewegungen schon bei leichtem Wind berüchtigt. Sie stürzte bereits im November 1940 ein. Der Einsturz wurde filmisch festgehalten, weshalb sie zu einem Studienobjekt wurde. Die Mackinsaw Hängebrücke in Michigan wird wiederum wegen ihrer Größe **Big Mac** genannt.

Die **Swinging Old Lady** ist der Spitzname für die 1888 eröffnete Queen Emma-Brücke in Willemstad auf Curacao in den Niederländischen Antillen. Diese aus 16 Booten bestehende Pontonbrücke öffnet sich im Mittelteil (deshalb `Swinging´), um Schiffen die Durchfahrt zu erlauben.

In manchen Städten nennt der Volksmund Brücken, die auf beiden Seiten mit Drachen versehen sind, **Schwiegermutterbrücken.** Ein Beispiel dafür ist die Drachenbrücke in Ljubljana oder die inzwischen abgetragene Friedrichsbrücke in Freiburg im Breisgau. Aber auch

Brücken ohne Drachen heißen so, so die Schwiegermut-
terbrücke auf Kuba, die höchste Brücke der karibischen
Insel oder die Schwiegermutterbrücke von Odessa. In
Osterburg (Altmark) gibt es nicht nur eine Schwie-
germutter-, sondern auch eine Schwiegervaterbrücke.
Brücke der Spione, Agentenbrücke, bzw. Agentensteg
(im Englischen *Bridge of Spies*) war zur Zeiten des
Kalten Krieges ein anderer Name für die 1905 erbaute
Glienicker Brücke an der Grenze zwischen Berlin und
Potsdam. In den Jahren 1962, 1985 und 1986 wurden hier
zwischen West und Ost Spione ausgetauscht, so 1962 der
US-Pilot Gary Powers mit dem Sowjetspion Abel.
Tatzelwurm ist der Spitzname einer 0,6 km langen
Autobahnbrücke der A9 in München-Freimann. Diese ist
mittlerweile so baufällig, dass sie ab 2007 durch einen
Neubau ersetzt werden muss. Im neuseeländischen Auck-
land wurde in den 80er Jahren die Hafenbrücke durch
japanische Ingenieure um zwei Spuren erweitert. Diese
Brückenerweiterung wird dort auch als **Nippon clipon**
bezeichnet und Planer in anderen Städten fragen sich, ob
eine solche Lösung übertragbar ist.
Die amerikanische Öffentlichkeit echauffierte sich im
Jahr 2007 über eine geplante, über 200 Millionen US-
Dollar teure Brücke in Alaska, die die Kleinstadt
Ketchikan (8900 Einwohner) mit der Gravina-Insel (50
Einwohner) verbinden soll und die deshalb **Bridge to
Nowhere** genannt wird. Zurzeit wird Gravina durch eine
Fähre angeschlossen (Fahrzeit: 7 Minuten).
Manche Brücken gelten als **Selbstmörderbrücken**. Die
berühmteste davon ist die Golden Gate Bridge in San
Francisco, die die höchste Brückenselbstmordzahl welt-
weit aufweisen soll. Jährlich stürzen sich ungefähr 30-40
Menschen von dieser Brücke. In München gilt die Groß-
hesseloher Brücke als Selbstmörderbrücke. Bis 1983
kamen hier 280 Menschen zu Tode. Durch Stacheldraht

und Gitter auf der 1983-1985 neu gebauten Brücke ging die Zahl der Selbstmörder zurück. Eine Frau mit Dirndl soll angeblich durch die große Zahl der Unterröcke einmal einen Sturz überlebt haben (wohl eine Legende). In Hamburg gilt die Köhlbrandbrücke als Suizidbrücke. Über 60 Selbstmorde wurden hier bereits gezählt.

Im Ruhrgebiet zog die in den 1960ern an der A 52 erbaute Mintarder Brücke Selbstmörder an (bis zum Bau von Barrieren 4 Tote pro Jahr). Die 1894-97 erbaute Müngstener Brücke, die höchste Stahl-Eisenbahnbrücke Deutschlands (107 m hoch und 465 m lang) zieht bestimmte Personengruppen ebenfalls an.

In Wien zog die Reichsbrücke, die 1976 einstürzte, viele Selbstmörder an. In der Schweiz mussten an der Lorenztobelbrücke der A53 Baar-Menzingen transparente Schutzwände errichtet, um Selbstmörder abzuhalten.

In der Stadt Luxemburg wurde der Fußgängerweg an der einschlägig bekannten Roten Brücke mit einer Plastikbarriere eingehaust, um Selbstmörder abzuhalten.

Seit 1973 haben sich 300 Menschen von der Nusle-Brücke in Prag in den Tod gestürzt. Mittlerweile ist ein 3 Meter hoher Zaun errichtet worden. In San Diego hat die 1969 eröffnete Brücke zur Halbinsel Coronado keinen Fußgängerstreifen, dennoch stürzten sich hier viele zu Tode (im Zeitraum 1972-2000 200 Selbstmörder).

In Pasadena stürzten sich in der Depressionszeit 1919-37 von der Colorado Street Brücke 95 Menschen zu Tode.

In Washington gilt die 1935 erbaute Duke-Ellington-Brücke als Selbstmörderbrücke. Mittlerweile wurden Sicherheitszäune errichtet. Von der Bloor Street Brücke, in Toronto stürzten sich seit 1918 400 Selbstmörder zu Tode. Nachdem sie mit Selbstmörderbarrieren versehen wurde, verlagerten sich die Selbstmorde auf andere Brücken. In Montreal kommt es von der Jacques Cartier-Street-Brücke zu 45 Selbstmordversuchen pro Jahr.

2. 2 Fußgängerbrücken

Einst hatte Berlin-Lichtenberg mit dem 1937 erbauten und 1976-77 von 420 m auf 505 m zum S-Bahnhof Storkower Straße erweiterten **Langen Jammer** Europas längste Fußgängerbrücke. Ihre Spitznamen, darunter **Langes Elend**, **Angströhre**, **Rue de Galopp**, zeigen jedoch, dass es sich dabei um keine angenehme Querung handelte. Im Jahre 2002 wurde ein 300 m langes mittleres Teil abgerissen, aber auch ein 45 m langes Stück zum S-Bahnhof saniert. Im Jahr 2006 wurde schließlich ein verbliebener Abschnitt an der Eldaer Straße ebenfalls abgerissen.

Nicht gerade populär ist auch die wegen dreier achteckiger Öffnungen in der Betonplatte als **Elefanten-klo** oder abgekürzt E-Klo bezeichnete, 1968 eröffnete Selterstor-Fußgängerüberführung in Giessen, die jedoch in der von hässlicher Wiederaufbauarchitektur geprägten Stadt zu einer Art Wahrzeichen und zu einem Treffpunkt geworden ist. Auch eine Brücke am Bahnhof in Kaufbeuren wird als Elefantenklo bezeichnet (ebenso die Ausstellungshalle des Bauernkriegspanoramas in Bad Frankenhausen und ein Kunstmuseum in Bielefeld).

Brücken, welche Fußgänger einer hohen Abgasbelastung aussetzten, wurden gelegentlich auch **Asthma-Brücken** genannt, so eine gasumnebelte Brücke in Wanne-Eickel (Herne) oder eine Brücke über eine Bundesstraße in Betzdorf. Auch im Bochumer Ortsteil Wattenscheid gibt es eine Asthma-Brücke, diese führt über eine Güter-bahnstrecke.

In Kiel wurde im Jahre 1997 die 25,5 m lange Hörn-brücke eröffnet, eine Dreifeld-Klappbrücke. Da anfangs wenig funktionierte, hatte sie den Spitznamen **Klappt-nix-Brücke**. Heute nennt der Volksmund die Brücke auch **Dreifaltigkeitsbrücke**.

Im Mülheimer Hafen in Köln gibt es eine 1955 in erbaute Fußgängerbrücke, die wegen ihrer Krümmung **Katzenbuckel** genannt wird. Im Magdeburger Hafen hat die 630 m lange Fußgänger-Hängebrücke Herrenkrugsteg den Spitznamen **Golden Gate**.

In Passau hat ein Fußgängersteg über den Inn den Beinamen Fünferlsteg, denn noch bis 1976 musste man 5 Pfennig Brückenmaut bezahlen, um passieren zu können.

Fußgänger-Hängebrücken schaukeln oft ein wenig, deshalb haben einzelne von ihnen den Beinamen **Schaukelbrücke** (oder Schaukelsteg), darunter die Fußgängerbrücke über die Grimmaer Mulde in Grimma (Sachsen), eine 1996 eröffnete Fußgängerbrücke über die Mulde in Limbach-Oberfrohna (die einen ‚Schaukelsteg' ersetzte) und eine Brücke im Park an der Ilm in Weimar.

In London schwang die 2000 eingeweihte Millenium Bridge über die Themse anfangs so stark zur Seite, dass sie den Spitznamen **Wobbly Bridge** (Wackelbrücke) bzw. **Wibbly Wobbly** bekam. Die Brücke wurde für 2 Jahre gesperrt und so umgebaut, dass das für Fußgänger unangenehme Schwanken eliminiert wurde.

Eine 1987 erbaute Fußgängerbrücke (Spannbandbrücke) über den Main-Donaukanal bei Essing, die mit 193 m längste Holzbrücke Europas, wird von den Einheimischen auch **Tatzelwurm** genannt.

In Brandenburg ist eine Fußgängerbrücke über den Pumpergraben (die Gottfried-Krüger-Brücke) so stark gewölbt, dass sie im Volksmund **Bauchschmerzenbrücke** genannt wird. Ebenfalls in Brandenburg liegt Zehdenick. Dort führen zwei Fußgängerbrücken über die Havel. Diese werden wegen ihres Buckels im Volksmund **Kamelbrücken** genannt. Auf den Färöer-Inseln überquert eine Brücke die natürliche Meerenge Sundini und wird deshalb **einzige Brücke über den Atlantik** genannt.

2.3 Soda-Brücken

Soda-Brücke ist eine umgangsprachliche Bezeichnung für Brücken, die einfach *so da*stehen, das heißt keine Anschlüsse und deshalb keine Funktion haben.

Aus Finanzierungs- und Baurechtgründen wird oft mit dem Brückenbau begonnen, bevor der Bau der Zugangsstrecken gesichert ist. In manchen Fällen wurde die vorige Planung obsolet und eine Soda-Brücke steht somit verwaist in der Landschaft. Ein Beispiel dafür ist die **tote Brücke von Euskirchen,** eine Autobahnbrücke an der A1, die in den 1970er Jahren für die geplante A 56 gebaut wurde. Ein weiteres Beispiel einer Soda-Brücke findet sich in Castrop-Rauxel Frohland, wo ein geplanter 4-spuriger Neuer Hellweg, der nie ganz verwirklicht wurde, kurz vor einer dazu gehörenden Brücke endet. Ein Beispiel für eine tote Eisenbahnbrücke ist die Itztalbrücke bei Rödental in der Nähe von Coburg, die 20 Millionen Euro gekostet hat. Die 868 m lange Brücke (lichte Höhe 30 m) ist Teil der Hochgeschwindigkeitsstrecke Nürnberg-Erfurt, deren Fertigstellung wegen Geldmangel des Bundes in weiter Ferne liegt (zurzeit ist sie für 2017 geplant). Die parallele Autobahnbrücke ist dagegen schon 2008 in Betrieb gegangen. Kosteneinsparungen durch den Bau zweier Brücken zur gleichen Zeit waren ein Grund, weshalb diese Brücke überhaupt so früh errichtet wurde. Allerdings ist sie jetzt dadurch, dass sie ohne Anschluss in der Landschaft steht, in den Medien Anschauungsobjekt vermeintlicher Steuergeldverschwendung.

Eine Art Soda-Brücke (Bridge to Nowhere) gibt es im Urwald Neuseelands. Eine Betonbrücke über einen Fluss führt auf beiden Seiten ins Nichts. Die Brücke sollte einst Farmern bessern Zugang zur nächsten Stadt gewähren. Doch die Landwirtschaft zog sich aus der Region zurück, Zugangswege verfielen und nur die Betonbrücke blieb.

Beispiele für Soda-Brücken in Deutschland

Region	Brücke	Kommentar
Bayern bei Coburg	Iltztal-Eisenbahnbrücke	Die Brücke hat 20 Millionen Euro gekostet.
Thüringen Bei Ilmenau	Wümbachtalbrücke	Eine Brücke für die geplante Schnellfahrstrecke
Baden-Württemberg Karlsruhe	(Straßenbahn)-Brücke über Nordtangente	
Baden-Württemberg Konstanz	Vierspurige Autobahnbrücke über den Rhein	Seit den 80ern ohne Straßenanschluss wurden im Zeitraum 2000-2006 schließlich Zufahrten zu allen Fahrstreifen geschaffen.
NRW Euskirchen	Überführung der geplanten A 56 über die A1.	Auch `tote Brücke von Euskirchen´ genannt.
NRW Castrop Rauxel Frohland	Brücke am neuen Hellweg	
NRW Wetter an der Ruhr	Brücke über die Ruhr	Nach Fertigstellung eines ersten Bauloses ruhen die Arbeiten seit 2005.
Sachsen-Anhalt Bitterfeld	Brücke über eine stillgelegte Eisenbahnstrecke zwischen Bitterfeld und Stumsdorf	
NRW Salzkotten	Brücke über eine Bahnlinie in Salzkotten	Die Brücke hat 3.3 Millionen Euro gekostet.
Hessen Frankfurt-Höchst	Brücke über den Main (Leunabrücke)	Brücke ist ohne Anschluss.

3. Straßenfahrzeuge

3.1 Fahrräder

Etliche Städte mit gut ausgebauten Radwegen nennen sich heute Fahrradstadt, so zum Beispiel Bonn, Freiburg oder Bremen. Als Fahrradhauptstädte können dagegen nur wenige Städte gelten. Die süddeutsche oder bayerische Fahrradhauptstadt ist Erlangen, die deutsche Fahrradhauptstadt ist das westfälische Münster, auch Fahrradmetropole genannt. In Münster werden etwa 1/3 aller innerstädtischen Fahrten mit dem Fahrrad zurückgelegt. Die Tatsache, dass es hier viele Studenten (über 40 000), keine Steigungen, keinen innerstädtischen Schienenverkehr, aber bereits Parkplatzprobleme für Autos gibt, trägt zum hohen Fahrradanteil bei. Dazu kommt die Radfahrtradition im Münsterland und eine fahrradfreundliche Stadtverwaltung. Münster besitzt sogar eine **Fahrradautobahn.** So wird der auf dem ehemaligen Stadtwall verlaufende breite Fahrradweg bezeichnet. Trotzdem gibt es in Münster keinen aus verlassenen Rädern bestehenden Fahrradfriedhof, welcher sich oft an Bahnhöfen ausbildet, zum Beispiel in der Studentenstadt Heidelberg, wo über 1000 Fahrräder am Bahnhof geparkt und teilweise aufgegeben wurden. Denn Münster hat die größte Radstation Deutschlands (3000 Stellplätze) am Bahnhof. Münster hat zudem ein spezielles Wort für das Fahrrad: **Leeze.** Dies kommt aus der Masematte-Sprache, ein westfälisches Rottwelsch, welches nur in Münster gesprochen wird. Eine ähnliche Fahrradorientierung wie Münster weist Bocholt im Niederrheinischen auf. Die Bocholter bezeichnen das Fahrrad als **Fietse.** Man sagt ‚*in Bocholt kommen die Kinder auf dem Fahrrad zur Welt*‘. Ein Bocholter (Otto Sarrazin) war es auch, welcher das Wort Fahrrad kreiert hat. Zuvor sagte man Veloziped, was der immer nationaler werdenden Stimmung Ende des 19. Jahrhunderts jedoch zu französisch klang.

Ein eigenes Wort für Fahrrad hat auch Halle: **Flitzebeh**.

Weitere originelle Fahrradbezeichnungen in anderen Sprachen sind **Magrela** (die Magere) im Portugiesischen Brasiliens, **Boneshaker** im Englischen, **le clou** (der Nagel) im Französischen und **Dawcy (Organspender)** im Polnischen. **Organspender** ist auch der Beiname eines Mountainbike-Weges in den Bergen von New Mexico/USA. In den USA werden auch Motorradfahrer Organspender genannt. Als Fahrradland können sich zu Recht die Niederlande und Dänemark bezeichnen, manche Regionen vermarkten ihre Fahrradurlaubeignung auch touristisch unter diesem Begriff oder unter der Bezeichnung Fahrradregion. In Deutschland kann das Münsterland als Fahrradregion gelten, in Belgien Flandern. Als **bicycle kingdom** (Fahrradreich) wurde wegen seines intensiven Fahrradverkehrs lange Zeit China bezeichnet. Mit der sehr schnell wachsenden Motorisierung im Reich der Mitte besteht jedoch die Gefahr, dass diese Bezeichnung bald nicht mehr gültig ist. In westlichen Städten ist es dagegen nach der Ölkrise in den Siebzigerjahren zu einer Renaissance des Fahrrades gekommen. Dennoch gibt es für den Radverkehr noch viel zu tun.

Trotz niedriger Motorisierung wird in vielen Entwicklungsländern stadtplanerisch wenig für Radfahrer getan. Dabei spielen Fahrräder in manchen Ländern, so in Ostafrika, sogar für die Güterbeförderung eine Rolle. An der Grenze Kenia/Uganda gibt es sogar Fahrradtaxis **(bodaboda)**, da ein Streifen Niemandsland zwischen beiden Ländern von Motorfahrzeugen nur nach umständlichen bürokratischen Prozeduren überquert werden kann.

Bezeichnungen und Beinamen für das Fahrrad		
Deutschland	**Veloziped**	Altertümlich
	Drahtesel	Umgangssprache
	Hirsch	(seltene Variante)
	Zweirad	Aktuell
Bocholt	**Fietse**	
Bayern	**Radl**	
Schwaben	**Geppl**	Allg. für Fahrzeug
Münster	**Leeze**	Masemattesprache
Halle	**Flitzebeh**	
Ruhrgebiet	**Zeusel**	auch: Nuckelpinne (langsames Fahrzeug)
Pfalz	**Fitz**	
Schweiz	**Velo**	Von Veloziped
Zürich (Slang)	**D Berta, e Geiss, en Göppel**	Auch Chrane, alti Röntle
Englisch	**Iron stead Boneshaker Scorcher**	
	Pushbike	Neuseeland
Französisch	**Le clou**	(der Nagel)
Italienisch	**Bici**	= Zweirad
	Dua Ruote	= Zweirad
Flämisch (Niederländisch)	**Rijwiel Schrijwiel Trapwiel Vlosse-perd**	
Polnisch	**Rower**	Brit. Fahrradmarke
	Dawcy	‚Organspender‘
Portugiesisch (Brasilianisch)	**Magrela**	‚Die Magere‘
Spanisch	**Burra**	‚Esel‘, in Spanien
	Chiba	‚Ziege‘, in Uruguay

Wenn man ohne Fahrrad oder anderes Verkehrsmittel ist, ist man übrigens in Deutschland auf **Schusters Rappen**, in Spanien dagegen mit dem **Zapatobus** (Schuhbus) unterwegs.

3.2 Motorisierte Zweiräder

Für Motorräder gibt es eine erstaunlich große Zahl von Beinamen. Etliche beziehen sich auf das Aussehen, wie z.b. Eisenschwein, Eisenkuh, Bulldog, Elch, Brick etc. Andere Spitznamen verballhornen die Marke oder die Typenbezeichnung, so zum Beispiel Fireblöd, Gisela, Trans-Kalb. Eine weitere Kategorie sind die Sammelbezeichnungen, wie z.b. Witwenmacher, Reiskocher, fahrende Särge, Plastikschafe.

Die meisten Spitznamen haben BMW-Motorräder (BMW produziert mehr als 90 000 pro Jahr), z.b. die zwischen 1994 und 1999 über 43 000-mal gebaute R 1100 GS mit Zweizylinder-Boxermotor, die Gummiente oder Schnabeltier genannt wird. Andere BMW-Motorräder heißen Gummisau, Elch oder Gummikuh, BMW mit Boxermotor allgemein auch Kuh oder nur Q. BMW-Motorräder mit Reihenmotor werden auch Ziegelstein genannt. Das avantgardistische Konzept eines überdachten Motorrades, C1, das BMW im Jahre 2000 vorstellte (von Bertone produziert), konnte sich mit nur 30 000 Fahrzeugen nicht durchsetzen und wurde im Jahre 2003 wieder eingestellt. Der bessere Wetterschutz gegenüber Motorrädern und die durch Gurt wegfallende Helmpflicht konnte eingefleischte Autofahrer nicht überzeugen, zumal das Fahrzeug nicht unbedingt wintertauglich war und ein Seitenregenschutz nicht gänzlich gegeben war. Die C1 wurde somit als **Rhönrad** oder auch als **halber Smart** verspottet. Auch in der DDR gab es etliche Beinamen für Motorräder, z.B. Eisenschwein für die MZ EM, oder Toaster für die Simson SR 50/80. DDR-Motorräder wurden auch als **Zonenfeile** verulkt.

Spitznamen nach dem **Aussehen** des Motorrads	
Spitzname	**Motorrad**
Airhead	BMW 2V-Boxer
Ameisenbär	Suzuki GSX 1300R Hayabusa
Amsel	Honda CBR 1000 XX
Bulldog	Yamaha BT 1100
Brick	BMW mit Reihenmotoren
Einbauküche	Honda Goldwing
Eisenschwein	Zschopau, MZ ES 250
Elch	BMW 100 GS
Elise	Suzuki GSX 1300R Hayabusa
Flattwin	BMW Boxer
Flying Brick	BMW mit Reihenmotoren
Güllepumpe	Honda CX 500
Gummiente	BMW R1100 GS
Gummikuh	BMW 2-Ventil Boxer bis 1969
Gummisau	BMW R 11 GS
Hubba Bubba	Harley-Davidson, EVO-Motor
Kalaschnikow	Suzuki DR 350
TRXKampfpanzer	Simson Schwalbe
Karl Dall	BMW R1150 GS ab Bj.2000
Kleiner Elch	BMW 80 GS
KR51 Schwulenhocker	Simson Schwalbe
Knöchelbrecher	Yamaha XT 500
Kuh	BMW Boxer
Kurvenmulli	Honda Africa Twin
Olihead	BMW 4-V Boxer
Puddingschüssel	Honda CBR 1000F
Rhönrad	BMW C1
Riesenroller	Honda GL1500
Schnabeltier	BMW R1100 GS
Straßenbahn	Honda Transalp
Superelch	BMW 11 GS
Wasserbüffel	Suzuki GT 750
Witwenmacher	Kawasaki 500 H1
Ziegelstein	BMW mit Reihenmotor
Zonenfeile	MZ 250

Bereits vor DDR-Zeiten wurden in Zschopau Motorräder produziert - von DKW. DKW wurde in den 1920ern interpretiert als *des Knaben Wunsch*, ein neuer Fahrrad-hilfsmotor von DKW wurde in dieser Zeit auch als *das kleine Wunder* angepriesen. DKW-Modelle mit Motor unter dem Gepäckträger wurden auch als **Arschwärmer** bezeichnet, das Modell E200 wegen seines roten Tanks auch als **Blutblase.**

In den dicht besiedelten asiatischen Städten, aber auch in manchen südeuropäischen Ländern haben motorisierte Zweiräder einen erheblichen Anteil am Personenver-kehrsaufkommen. Insgesamt gibt es weltweit heute weit über 200 Millionen motorisierte Zweiräder (verglichen mit 600 Millionen PKW), davon jeweils 60 Millionen in China und Indien. Normalerweise läuft die Motorisierung mit den billigeren Zweirädern der PKW-Motorisierung voraus. Im Laufe der Entwicklung werden Motorräder immer mehr vom PKW-Verkehr verdrängt. In einer End-station der Entwicklung nimmt ihr Anteil (als Zweitfahrzeug und Freizeitgefährt) dann jedoch wieder zu. In Ostasien ist ihr Verkehrsanteil relativ hoch, da es in den Städten an Platz fehlt. In Taiwan kommt ein motorisiertes Zweirad auf 2 Einwohner und auch in Thai-land und Indonesien ist die Motorraddichte hoch.

In Südostasien und Afrika werden Motorräder auch als Taxis eingesetzt, in Asien, weil sie leichter durch den Stau kommen, in Afrika, weil sie billiger sind.

Cotonou, die Hauptstadt des Benin, ist für seine Motor-radtaxis bekannt, die **Zemedjan** genannt werden. Hier sind nicht die Fahrzeuge gelb, sondern die T-Shirts der Taxifahrer. In Lagos (Nigeria) heißen die Motorradtaxis dagegen **Okada**. Andere Bezeichnungen in Nigeria sind **achaba** oder **inaga**. In Kambodscha werden Motorrad-taxis **motodups** genannt, in Indonesien **ojek**

Verballhornungen der Typenbezeichnung	
Spitzname	**Motorrad**
Affentwin	Honda Africa Twin
Blade	Honda Fireblade
BSE, Bleischwere Enduro	Schweres Enduro-ähnliches Bike
Doktor Big	Suzuki DR 750/800 Big
Fireblöd	Honda Fireblade
Gisela	Gilera Nordwest
Gixef, Gixes, Gixler	Suzuki GSX-R 750
Goof	Honda CBR 600F
Hayabuttugly	Suzuki GSXR 1300 Hayabusa
Lehmann	Moto Guzzi Le Mans
Light Truck	BMW K 1200 LT
Suppentätärä	Yamaha Super Tenere
Tätärä	Yamaha Tenere
Trans-Kalp	Honda Transalp
Transi	Honda Transalp
Trixe	Yamaha TRX
Vagina	Yamaha Virago
Vadalero	Honda XLV 1000 Varadero
Würgadero	Honda XLV 1000 Varadero
Ypse	Yamaha YZF
Beemer, Beemer	BMW
Betonmischer	Moto Guzzi
DKW	Des Knaben Wunsch
Eisenhaufen	Harley-Davidson
Emme	MZ
Flacheisen	Harley-Davidson
Kati	KTM
Klemme, Klemmzett	MZ
Kai-war-Sachse	Kawasaki
Kwax	Kawasaki
Simme, Simmer	Simson
Schwalbi	Simson Schwalbe
Wozu´die	Suzuki
Yamsel	Yamaha
Yemmi	Yamaha

Motorroller gelten eher als wenig maskulin und eher als Fahrzeuge für Frauen. Manche nennen sie Schwuchti-letten. Ältere Motorroller werden wegen ihres Aussehens gelegentlich als **Kloschüssel** verspottet, neuere als Toaster und Automatikroller, wegen Sicherheitsbedenken auch als fahrende Särge.

Zweitakter werden wegen der Motorgeräusche auch als **Zwiebacksäge** beschrieben und früher hießen DDR-Motorräder wegen des Motorenklanges auch **Zonenfeile**.

Weitere beschreibende Bezeichnungen	
Bückling	Flacher Racer
Campingklo	Automatik-Roller
Cylonentanker	Motorrad größer als eine Softail
Föhn	Automatik-Roller
Gatsch-Hupfer	Crossmaschine
Japscrap	Japanisches Motorrad
Joghurtbecher	Vollverkleidetes japan. Motorrad
Kackstuhl	Chopper
Kloschüssel	Ältere Motorroller
Motorisierter Grashalm	Crossmaschine
Ölofen	Zweitakter
Plastikschafe	Neuerer Motorroller
Reiskocher	Wassergekühltes jap. Motorrad
Saurier der Landstraße	Alte Harley Davidson
Schwuchtilette	Motorroller
Slalomhütchen	Zu langsames Motorrad
Toaster	Neuerer Motorroller
Vertikultiermoped	Offroad Motorrad
Pocket minibikes	Fahrende Särge
Automatikroller	Fahrende Särge
Zwiebacksäge	Zweitakter
Zwiebackmesser	Mockick und leichte Mopeds bis 125 cc japanischer Produktion
Zonenfeile	DDR-Motorräder

Quelle: http://www.schlaggo.de/namen.htm (Rolf Schlagenhaft)

3.3 PKW - deutsche Marken

Autobeinamen gibt es zahlreiche. Gleich das erste Auto, das in Massenproduktion am Fließband hergestellt wurde, das 1908-1925 produzierte Model T von Ford, hatte einen Beinamen: **Tin Lizzy**. In Deutschland wurde der 1912-14 gebaute Wanderer als **Puppchen** bezeichnet. In den 1920er Jahren galt der Hanomag 2/10 wegen seiner Form als **Kommissbrot**.

Von den 1950er bis 1970er Jahren gab es am meisten Autobeinamen, da die Karosserieformen noch nicht so durch den Windkanal geformt und austauschbar, sondern unterscheidbar und charakterstark waren. Die meisten heute noch bekannten Beinamen beziehen sich auf Modelle, die es nicht mehr gibt, oder sogar auf Marken, die verschwunden sind.

Der Kleinwagen Messerschmitt Kabinenroller der 1950er Jahre hatte wegen seiner kuriosen Form mehrere Beinamen. Er wurde **Schneewittchensarg** und **Düsenjäger des kleinen Mannes** genannt, aber auch **Menschen in Aspik** und **Karo (Kabinenroller)**.

Das schnittige Goggomobil (Goggo) Coupé des Dingolfinger Autoherstellers Glas wurde **Arbeiter-Ferrari**, bzw. **Neckermann-Ferrari** genannt. Das 1966-1967 gebaute Modell Glas 2600 V 8 wurde wegen der Ähnlichkeit mit Maserati, welcher ebenfalls vom italienischen Autodesigner Pietro Frua entworfen wurde, im Volksmund **Glaserati** genannt.

Der ab 1955 gebaute Auto Union AU 1000 war so sehr dem Ford Thunderbird nachempfunden, dass er **Westentaschen-Thunderbird** genannt wurde.

In den 1950er Jahren erhielt der Lloyd 300 des Bremer Automobilherstellers Borgward wegen seiner zusammengeklebten Holzkarosserie den Beinamen **Leukoplastbomber**.

Fahrzeuge von Marken, welche es nicht mehr gibt		
Fahrzeug, Baureihe	**Spitznamen**	**Kommentar**
Auto Union AU 1000	**Westentaschen-Thunderbird**	Wegen der Form, ähnlich Ford Thunderbird
Messerschmitt KR 175/200	**Schneewittchensarg Menschen in Aspik**	Auch Karo = Kabinenroller und Düsenjäger des kleinen Mannes
Glas Goggo Coupé	**Arbeiter-Ferrari Neckermann-Ferrari**	Vom Dingolfinger Autohersteller Glas; Glas Goggomobil = Goggo
Glas 2600 V 8	**Glaserati**	Wegen der Ähnlichkeit mit Maserati
Hanomag 2/10	**Kommißbrot**	Wegen der Karosserieform
Lloyd 300	**Leukoplast-bomber**	
Wanderer 5/12 1912-14	**Puppchen**	
Wohnwagen Würding 301.1	**Dübener Ei**	DDR-Fabrikat

Quelle: u.a. Georg Amtmann (München)

Die meisten Beinamen sind jedoch für den Trabant und den VW Käfer (in verschiedenen Sprachen) bekannt:

In der DDR-war der Volksmund als Ventil fehlender Meinungsfreiheit sehr kreativ in Bezug auf Beinamen. So wurde der Trabant spöttisch unter anderem so genannt: *Zwickauer Flüchtlingskoffer, Überdachte Zündkerze, Gehhilfe, Hutschachtel, Karton de Blamage, Plastikbomber, Asphaltblase.* Der Trabant 500 hieß auch *Kugelporsche* oder *Rundgelutschter. Westsächsicher Lumpenpressling, Leukoplastbomber* oder *Rennpappe* hieß er deshalb, weil seine Karosserie nicht aus Metall, sondern aus Duroplast (Baumwoll-Harzgemisch) war.

Im Westen hatte der VW-Käfer die meisten Namen. Vor dem 2. Weltkrieg war die amtliche Bezeichnung des 1937 entworfenen und ab 1941 gebauten Volkswagens auch *KdF-Wagen* (Kraft durch Freude), oder (bis 1948) KdF-

Käfer. Die Modelle von 1949-1953 wurden wegen der Heckscheibe auch Brezel oder Brezelkäfer genannt (das 1953er-Modell auch Zwitterkäfer), von 1953-1957 Ovalkäfer und von 1957-1959 Rechteckkäfer. 1972 wurde überholte der Käfer mit 15 Millionen produzierten Exemplaren das legendäre Modell T von Ford. Der letzte Käfer aus deutscher Produktion lief im Januar 1978 in Emden vom Band. 1981 wurde in Mexiko der 20-millionste Käfer produziert, im Juli 2003 wurde die Produktion nach insgesamt 21.5 Millionen Exemplaren eingestellt. Seit 1998 wird in Mexiko das Nachfolgemodell New Beetle produziert. Der neue VW-Beetle wird auch als Kugel oder Halbkugel bezeichnet. Bei den Beinamen für den klassischen VW-Käfer handelt es sich meistens um die lokalen Bezeichnungen für Käfer: Argentinien: *Escarabajo*, Belgien (Flandern): *Keverke*, Spanien (Katalonien): *Escarabat*, Finland: *kupla*, Estland: *Pornikas*, Griechenland: *Skaraveos*, Israel: *Hiposhit*, Japan: *Kabuto-Mushi*, Lettland: *Vabole*, Litauen: *Vabalas*, Luxemburg: *Krabbeli*, Slowenien: *Hrosc*, Slowakei: *Chrobak*, Südafrika (Afrikaans): *Kewer*, Ungarn: *Bogar*. Teilweise wird er auch Marienkäfer genannt, so in Frankreich (*Coccinelle*) und Italien (*Maggiolini*)

In einigen Ländern wird seine Form auch als Schildkröte gesehen, so z.B. in Bulgarien (*Kostenurka*) und Indien (*Aama*). In Skandinavien und im ehemaligen Jugoslawien wird er als Blase bezeichnet, so in Schweden (*Bubblan*), Norwegen (*Bobla*), Dänemark (*Bobble*), Island (B*jalla*), in Serbien und Mazedonien (*Buba*). In Polen gilt er als der Bucklige (*Garbus, garbik*), die frühen Modelle hießen dort auch *Placek*.

Da in Lateinamerika viele Käfer unterwegs sind, gibt es hier auch viele spezifische Beinamen. Auf Kuba wird er als kleines Ei angesehen (*Huevito*), in Argentinien wird er auch kleiner Poncho (*Ponchito*) genannt, in Mexico wird er dagegen auch Däumling (*Pulguita*) und in Puerto Rico *bolillo* (Kügelchen) genannt. In der Dominikanischen Republik wird er mit einer Bürste verglichen (*Cepillo*), in Guatemala und Honduras mit einer Schabe (*Cuca, Cucarachita*).

Weitere Beinamen in Lateinamerika: Mexiko: *Vocho, Cinchita*, Costa Rica: *Bocho*, Ecuador: *Pichirlo*, Puerto Rico: *Volky* (von Volkswagen). In Brasilien ist der Spitzname *Fuscas*. In Österreich gibt es zudem den Beinamen *Kugelporsche*, in Kanada *Punch Buggy*. In den USA wird er neben *beetle* auch *bug* oder *Herbie* genannt. In Ungarn auch dudu.

Weitere Bezeichnungen für den VW-Käfer in Landessprachen: Afghanistan: *fulox-e-baqa-e*, Indonesien: *Kodok*, Malta: *Hanfusa*, Pakistan: *Foxy*, Russland: *Juchek*, Taiwan: *Gin-Kwe*, Thailand: *Tao*. Türkei: *Vosvos*. Der auf Volkswagenbasis gebaute Karmann Ghia wurde *Hausfrauenporsche* genannt, manche sagten auch ‚der schone Kafer‘, obwohl es alles andere als ein Käfer war.

Weitere VW-Modelle *(Quelle: Georg Amtmann, München)*		
Fahrzeug, Baureihe	**Spitznamen**	**Kommentar**
VW 1200	**Ovali**	kleines Fenster, 1954-57, spätere Bez.
VW Golf Cabrio 1979-93	**Erdbeer-körbche**	
VW 1600 TL	**Traurige Lösung (TL)**	Wegen des Fließheckes
VW 411/412	**Nasenbär**	Wegen der Karosserieform
VW-Porsche 914	**Kohlenkasten**	Wegen der Karosserieform
VW Jetta (ab 79)	**Popogolf**	

Karmann Ghia Typ 14 1955-1974	**Hausfrauen-porsche**	Auf Volkswagenbasis, Sekretärinnenporsche

Die meisten Opel-Beinamen beziehen sich auf Modelle der 1950er Jahre. Ford inspirierte vor allem in den 1960er und 70er Jahre zu Beinamen.

Opel und Ford *(Quelle: Georg Amtmann, München)*		
Fahrzeug, Baureihe	**Spitznamen**	**Kommentar**
Ford Taunus 1948-51	**Buckel-Taunus**	Wegen der Karosserieform
Ford Taunus 12 M 1952-58	**Weltkugel-Taunus**	Wegen der Weltkugel auf Haube
Ford Taunus 1970 er Jahre	**Ford Ankara, Nasen-Taunus**	Auch Türkenauto
Ford Granada 1970 er Jahre	**Türken-Mercedes**	
Ford 17 M P 2 1957-60	**Barock-Taunus**	Wegen Karosserieform auch Gelsenkir. Barock
Ford 17 M P 3 1960-64	**Badewanne**	Wegen der Karosserieform
Ford Escort 1968-74	**Hundeknochen-Escort**	Wegen der Form des Kühlergrills
Opel 5/12, 1914	**Puppchen**	
Opel 4/12 1924-1931	**Laubfrosch**	Wegen der Farbe
Opel Kapitän 1951-53	**Gangster-Kapitän**	Wegen der Beliebtheit bei Gangstern
Opel Kapitän, 1953-55	**Haifischmaul-Kapitän**	Wegen des Kühlergrills
Opel Rekord 1953-55	**Haifischmaul-Rekord**	Wegen des Kühlergrills
Opel Kapitän P 2,5 1958-1959	**Schlüsselloch-Kapitän**	Wegen den Rückleuchten
Opel Olympia Rekord P 1958-60	**Panorama-Rekord**	Wegen der Panoramascheibe
Opel Olympia Rekord (1953-54)	**Wasserfall**	
Opel Olympia Rekord (1955-56)	**Matratze**	
Opel Olympia Rekord (1956-57)	**Spätbacke**	
Opel Rekord P2 Coupé	**Rasender Kofferraum**	Auch Schuhkarton mit Baskenmütze

Zu den originellen Kleinwagen der 1950er Jahre gehörte die BMW Isetta, auch Knutschkugel genannt. Andere Beinamen waren Käseglocke oder Adventsauto, denn die Tür war im Frontbereich und wurde nach oben geöffnet. Mercedes hielt sich hingegen dem Kleinwagenbereich fern. Mit dem in den 1950er Jahren gebauten Mercedes 300 hatte die Bundesrepublik ein Auto, das ordentlich was hermachte. Mit ihm wurde der Bundeskanzler kutschiert, weshalb der Wagen den Beinamen ‚Adenauer' hatte. Der Mercedes 300 SL wurde wegen der nach oben öffnenden Türen Flügeltürer genannt. Elegant war auch der 190 SL. Weil die Edelprostituierte Rosemarie Nitribitt mit einem rumkreuzte, hieß er auch Nuttenschleuder.

BMW, Mercedes und Smart *(Quelle: Georg Amtmann, München)*		
Fahrzeug, Baureihe	**Spitznamen**	**Kommentar**
BMW Isetta	**Knutschkugel**	Käseglocke, Adventsauto (`Mach hoch die Tür´)
BMW 600	**Doppel-Isetta.**	
Mercedes S-Klasse, Alter W 140	**Schuhkarton**	
Mercedes 300	**Adenauer**	1. Repräsentationswagen der BRD
Mercedes 300 SL	**Flügeltürer/ Gullwing**	Wegen der Türen
Mercedes 190 SL	**Nitribitt, Nuttenschleuder**	Die Edelprostituierte Nittribitt hatte einen
Mercedes 180-220, 1953-60	**Ponton**	Wegen der Karosserieform
Mercedes 200D	**Bauernbenz**	
Mercedes 220/300, 1959-65	**Heckflosse**	Wegen der Karosserieform
Mercedes 230 – 280 SL,1963-70	**Pagode**	Wegen der Dachform
Mercedes Rennwagen	**Silberpfeil**	auch Auto Union
Smart	**Elefantenroll- schuh**	Auch Bobbycar, Osterei

3.4 PKW - ausländische Marken

Neben dem Volkswagen Käfer ist der **Citroën** 2CV, im deutschsprachigen Raum „Ente" genannt, das Auto mit den meisten Beinamen. In gewisser Weise ist der 2CV das französische Pendant des VW Käfers. Die Entwicklung des Autos begann ebenfalls in den 1930er Jahren, die Produktion kurz nach dem 2. Weltkrieg. Zwischen 1948 und der Einstellung der Produktion im Jahr 1990 wurden 3.9 Millionen Enten und 1.2 Millionen Kastenenten (Lieferwagen) produziert. Die Typenbezeichnung 2CV leitet sich vom französischen KfZ-Steuersystem ab und steht für 2 Chevaux Vapeur (Dampfpferd, der französischen Besteuerungseinheit für Autos). Diese Werte entsprechen nur ungefähr den Pferdestärken (PS).

In der französischen Umgangssprache hatte der 2CV die Spitznamen Deux Chevaux, (La) Deuche, Deux-Pattes und Dodoche oder Deudeuche. In den 50er Jahren wurde er auch teilweise als cheval de bataille (Schlachtross) bezeichnet.

In vielen anderen Sprachen (nicht jedoch im Französischen) hat der 2CV den Spitznamen „Ente", so in Belgien (Flämischsprachiger Landesteil) und den Niederlanden (Eend, Lelijke Eend = hässliches Entlein), in Ungarn (Kasca), Japan (Ahiru) und Großbritannien (Duck, Ugly Duckling). Als in den 60er Jahren in Slowenien die Produktion von 2CVs begann, wurde der Begriff *Spacek* aus den Wörtern *Pacek*, kleine Ente und *Sitroen*) kreiert. In Slowenien und Serbien heißt der 2CV deshalb spacek (in Serbien auch *Spale, Spaja* = kleine Ente, Entlein, scherzhaft auch *Spagua*r).

Auch die Bezeichnung „Zwei Pferde" tritt häufig auf: in Österreich (*Döschewo*), Belgien (*Twee Paardje*), Japan (*ni-bariki*), Portugal (*dos cavalos*), Spanien (*dos caballos*), der Schweiz (*Döschi*).

Manchmal wird der 2CV auch mit einer Schnecke verglichen, z.B. in Belgien (*Tinnen slak*, Blechschnecke), Großbritannien (*Tin snail*) und Italien (*lumaca di latta*, Blechschnecke), gelegentlich auch mit einer Ziege, so in Belgien (*Geit*) und Spanien (*cabra*, Katalanisch). In Spanien ist der 2CV auch gelegentlich nur ein kleines Pferd (*caballito*).

Weitere Varianten sind *grenouille sage* (weiser Frosch, Belgien), *Jernseng* (Eisenbett, Norwegen), *Chocolateiras* (Schokoladenblechdose, Portugal), *mafy-be* (sehr robust, Madagaskar), *Likelele* (Kongo) und *Satka* (Handgedrehte Zigarette, Finnland). Die Briten, die sich gerne über die Franzosen lustig machen, haben gleich eine ganze Liste von Begriffen entwickelt, so *pussy-car, sit up and beg, jelly mould* (Geleeform), *iron pimple* (eiserner Pickel), *Flying washboard* (Fliegendes Waschbrett), *Flying Tent* (Fliegendes Zelt) und *Superpram* (Super-Kinderwagen).

Französische Marken		
Fahrzeug, Baureihe	**Spitznamen**	**Kommentar**
Citroën 2 CV	**Ente**	
Citroën 11 CV/15 CV	**Gangster- Citroën**	Wegen seiner Beliebheit bei Gangstern
Citroën ID 19	**Idee**	französisch l'idee
Citroën DS 19	**Göttin**	Franz. la déesse
Citroën SM	**Sado Maso**	
Peugeot 204 Coupé (1965-74)	**Leisetreter**	
Renault 4 CV	**Creme-Schnittchen**	Wegen der Farbgebung
Renault R4	**Adventskalender**	Viele Luken

Quelle: Georg Amtmann, München

Bei den italienischen Automarken sind vor allem Fiatmodelle beinamenreich. Der Fiat 126 wurde bereits als überdachte Zündkerze, als Elefantenrollschuh und Bambino bezeichnet. Die polnische Variante (Fiat Polski) hatte in Polen auch den Beinamen ‚Maluch der Knirps'. Der kugelrunde Fiat 500 (*Cinquecento*) hieß in Italien Topolino, das Mäuschen. In Deutschland nannte man ihn auch **Elefantenrollschuh** oder Stadtwanze. Im Jahr 2007 kam eine moderne Version des Klassikers in Deutschland auf den Markt. Der ähnliche aussehende Fiat 600 galt als *Elefantenpopo*.

Der Fiat 850 ist weniger kugelförmig und sieht eher wie ein Sportwagen aus. Sein Spitzname: Neckermann-Ferrari. Der schnittige Fiat W 1/9 galt dagegen als **Sekretärinnenferrari**. Auch Alfa Romeo-Modelle haben den Volksmund zu Beinamen inspiriert. Diese reichen von Hai, bis Pavianarsch und Gummilippe.

Italienische Marken		
Fahrzeug, Baureihe	**Spitznamen**	**Kommentar**
Alfa Giuliette/Giulia SS	**Il squalo (der Hai)**	
Alfa Giulette (ab 1977)	**Pavianarsch**	Auch: Pavian
Alfa Spider	**Gummilippe**	
Fiat 125	**Die Schachtel**	
Fiat 126	**Bambino,** Elefantenrollschuh	Auch: Überdachte Zündkerze
Fiat 126 Polski	**Maluch der Knirps**	Auch: Fatal Imitation of an Automobile for Tourists, Huster
Fiat 500 (55-75)	**Topolino, Stadtwanze**	Auch: Elefantenrollschuh
Fiat 600	**Elefantenpopo**	
Fiat 850 Spider	**Neckermann-Ferrari**	
Fiat X 1/9	**Sekretärinnen-ferrari**	

Quelle: Georg Amtmann, München

Von einer einst vielfältigen britischen Automarkenland-schaft ist heute nicht viel übriggeblieben. Bei Austin reichten die Spitznamen von Modellen von Landkrabbe, über Schwein bis Froschauge.
Dagegen sind US-Marken, trotz Straßenkreuzer-Üppig-keit der 50er Jahre eher beinamenarm.

Britische Marken		
Fahrzeug, Baureihe	**Spitznamen**	**Kommentar**
Austin 1800 1964-1975	Landcrab (Krabbe)	Wegen der Karosserieform
Austin-Healey 3000	The pig = Schwein	Wegen der Fahreigenschaften
Austin-Healey Sprite Mk. I	Frogeye/ Froschaugen-Sprite	Wegen der Scheinwerfer
MG (letzte Baujahre)	Gummiboot	
MGB BT Berlinette	Poor Man's Aston	
Rover P4	Tantchen	
Rover P5	Elefant	
Rover Mini	Dackelgarage	in Schweden: Hund-kojer (Hundehütte)
Triumph GT 6	Poor Man's E-Type	
Triumph Spitfire 4	The Bomb, Spitti	Weil er so bomben-mässig einschlug

Quelle: Georg Amtmann, München

Amerikanische Automarken		
Fahrzeug, Baureihe	**Spitznamen**	**Kommentar**
Chevrolet Corvette	Cokebottle	in Deutschland: Ludenschleuder
Chevrolet Corvette (1953-62)	Solid Axle	Chevrolet Corvette (63-67): Midyears
Chevrolet Corvette (1968-82)	Sharks	
Ford Thunderbird Serie III	Cigar shape	

Volvo-Modelle haben wegen ihrer markanten kantigen Form zu zahlreichen Beinamen inspiriert. Darunter ist ebenfalls ein **Schneewittchensarg** (Volvo P1800 ES), aber auch ein **Marmeladeneimer** (244/264) und ein Amazombi. Die Saab-Zweitakter aus den 1960er Jahren wurden dagegen **ölgefeuerte Dschungeltrommeln** genannt.

Schwedische Automarken		
Fahrzeug, Baureihe	**Spitznamen**	**Kommentar**
Saab 2-Takter allgemein	ölgefeuerte Dschungeltrommeln	
Volvo 144 (1966-74)	Panzerschrank	
Volvo 240	Sosseladan (Sozi-Kiste)	
Volvo 244/264 (1976-81)	Marmeladeneimer	
Volvo 480	DAF Gti	
Volvo 66 und 340	Riemenjohann	
Volvo ÖV4	Jakob	
Volvo P 121, P 122	Amazone	Schweden: Amazon
Volvo P1800 ES (1970er Jahre Modell)	Schneewittchensarg	
Volvo P 200′221	Amazombi	
Volvo PV 36	Carioca	
Volvo P 444, P 544	Buckel-Volvo	wg. Karosserieform
Volvo PV 831/832	Suggan (die Sau)	

Übrige Marken		
Fahrzeug, Baureihe	**Spitznamen**	**Kommentar**
DAF 33	Nonnenporsche	
DAF 300/700/Daffodil	Nonnenkutsche	
Steyr 55	Baby	
Dacia 500	Schwalbe	
Bezeichnungen in der DDR für russische Autos		
Mostkwitsch	Rostquietsch	Auch: Sergej
Wolga	Wolke	
Saporoshez	Zappelfrosch	

3.5 LKW und Lieferwagen

Beinamen für LKW und Lieferwagen sind recht selten. Jedoch gibt es für Lieferwagen, ähnlich wie für den Bulli, eine Reihe von Beinamen. Ein VW Postfahrzeug der 60er Jahre hieß **Fridolin**. Ein auf dem Citroën 2CV basierender Lieferwagen hieß Kastenente. Rumänische Lieferwagen wurden in der DDR als **Karpatenschreck** oder **Ceaucescus letzte Rache** verspottet. Der Büssing LT 11 LKW wurde wegen seiner Form als Staubsauger beschrieben, etliche Magirus Deutz-LKWs galten wegen ihrer bulligen Form als Bullen. Die Bullen selbst fuhren dagegen oft mit einer **Grünen Minna** vor. Dieser Ausdruck stammt noch aus einer Zeit, als es noch gar keine motorisierten Polizeifahrzeuge gab, passte aber später auf die grüne Farbe der Polizeifahrzeuge (heute sind diese zunehmend blau) und leitet sich eventuell aus einem Rotwelsch-Ausdruck ab. In Großbritannien war früher die Black Maria das, was in Deutschland noch heute die Grüne Minna ist.

Modell	Beiname
VW Typ 147 (Karosserie Westfalia)	**Fridolin**
Büssing LT 11	**Staubsauger**
Auf Citroën 2CV basierender Lieferwagen	**Kastenente**
Magirus Deutz, Typ M 125 D 10 und andere	**Bullen**
Ford 3-to. NATO-LKW	**NATO-Ziege**
Rumänischer Lieferwagen	**Karpatenschreck** **Ceaucescus letzte Rache**

4. Städtischer Nahverkehr

4. 1 U- Bahnen

U-Bahnlinien

U-Bahnhöfe haben nur selten Beinamen. Zu den wenigen Ausnahmen gehören **Bohrinsel** für das Zugangsgebäude zur U-Bahnstation Fehrbelliner Platz (seine Architektur erinnert entfernt daran) in der Spitznamenhauptstadt Berlin und **umgedrehte Tacoschale** für die bei Fahrgästen eher unbeliebte U-Bahnstation St. Quirin-Platz in München. Die U-Bahnstation Kröpcke in Hannover wird teilweise auch als **Kathedrale des Nahverkehrs** bezeichnet. Die unterirdische Stadtbahn in Hannover wird allgemein als U-Bahn bzw. nach ihrem Betreiber als **Üstra** bezeichnet.

Was U-Bahnen betrifft, hat Berlin noch weitere Spitznamen zu bieten: das U-Bahn-Viadukt in der Schönhauser Allee gilt den Berlinern wegen seiner Regenschutzwirkung auch als **Magistratsschirm**. Im Kalten Krieg hatte die Westberliner U-Bahn auch die Funktion eines **Schaufensters des Westens**.

Die Verlängerung der U-Bahnlinie U5 vom Alexanderplatz zum Hauptbahnhof wird auch als **Kanzler-U-Bahn** bezeichnet, da sie auf Betreiben der Bundesregierung (bzw. des Kanzlers Helmut Kohl) in den Hauptstadtvertrag einging. Da sie lange nicht fertig gestellt wurde, galt sie zeitweise als **Millionengrab**. Eine andere Bezeichnung ist **Stummel-Bahn bzw. Shuttle-U-Bahn**. Die U1 nach Kreuzberg wird wegen des hohen Migrantenanteils im Stadtviertel auch **Istanbul-Express** oder Orientexpress genannt. Wegen ihrer Streckenführung wird die U8 in Berlin auch **Achterbahn** genannt, die U9 gilt als Rennstrecke und die U2 als **Kohlenkellerbahn**, da sie jedem Kohlenkeller ausweicht.

Der Londoner U-Bahnangestellte Harry Beck entwickelte 1931 den ersten schematischen U-Bahnnetzplan, der Vorbild für viele andere Schemata werden sollte. Die kürzeste Londoner U-Bahnlinie, die Waterloo&City-Line hat in diesem Schema die Form eines Abflussrohrs, sie hat deshalb auch den Spitznamen **The Drain**.

Beinamen von U-Bahnlinien

Berlin	U 2	**Kohlenkellerbahn**
	U8	**Achterbahn**
	U9	**Rennstrecke**
	U55	**Kanzler-U-Bahn** **Stummellinie** **Shuttle-U-Bahn**
München	U6	**Unilinie**
Nürnberg	U3	**Geisterbahn** (zeitweise)
Wien	U3	**Kulturlinie**
Stockholm	Linien 10/11	**Orientexpress**
London	Waterloo&City Line	**The drain**
	Northern Line	**Misery Line** (1980er-1990er)
Glasgow	Ringlinie	**Clockwork Orange** **Sputnik**
New York	7	**Orient Express**
	N/R	**Never/Rarely**
	F	**Forever**
	W	**Worst, Whenever**

In London wird die U-Bahn wegen der röhrenförmigen Tunnel the **tube**, die Röhre, genannt, ebenso in Madrid (**Tubo**). Eingänge zu U-Bahnstationen gelten in Madrid als **Toperas**, Maulwurfshügel und werden auch boca (Mund) genannt. In Bilbao werden diese nach dem entwerfendem britischen Architekten **Fosteritos** genannt. Für die Hamburger ist ihre großteils oberirdisch und aufgeständert verkehrende U-Bahn die Hochbahn. Auch in Chicago fährt die U-Bahn auf vielen Strecken ober-irdisch. In der Innenstadt befährt sie aufgeständerte Strecken (der Innenstadtbahnring wird als loop, Schleife bezeichnet) und ist deshalb eine elevated railway, **El** oder einfach nur **L** genannt.

Die Stationen der 1935 eröffneten U-Bahn von Moskau, vor allem die bis in die 1950er Jahre erbauten, werden auch als **Paläste der Arbeiterklasse** bezeichnet. Nach dem Tod Stalins im Jahr 1953, zu dessen Lieblings-projekten die Metro gehörte, wurde die architektonische Ausgestaltung auf Anordnung Nikita Chrustschows ver-einfacht. Das Moskauer Metronetz ist heute 278 km lang und hat 172 Stationen. Mit 2.6 Milliarden Passagieren steht es weltweit an erster Stelle (in Tokio werden viele Passagiere mit S-Bahnen und Vorortbahnen transportiert, die U-Bahn allein hat weniger Passagiere als in Moskau).

Über interessante U-Bahn-Stationen verfügt auch Stock-holm. Dort wurden die Wände der in den harten Fels gebrochenen U-Bahnhöfe teilweise nicht verkleidet, son-dern künstlerisch bemalt. Die Stockholmer U-Bahn hat deshalb auch den Beinamen „**längste Kunstgalerie der Welt**".

Während Moskau eines der größten U-Bahnnetze hat (das größte weltweit mit über 400 km hat London), gehört die manchmal **Dorf-U-Bahn** genannte 1985 eröffnete unter-irdische Standseilbahn im Wintersportdorf Serfaus in Tirol zu den kleinsten Systemen. Dort kam man auf diese Lösung, um Durchgangsverkehr zu einem Skilift von der Straße auf die Bahn zu verlegen. Die Bahn in Serfaus wird manchmal als kleinste U-Bahn der Welt bezeichnet (bzw. zweitkleinste nach der unterirdischen Standseil-bahn Tünel in Istanbul)

Noch seltener haben ganze U-Bahnsysteme Spitznamen. Einige der wenigen mit Beinamen ist die U-Bahn von Glasgow, die nur aus einer Ringlinie besteht, die mit orangefarbenen Fahrzeugen betrieben wird und die deshalb, angelehnt an den Roman von Anthony Burgess und den Film von Stanley Kubrick, **Clockwork Orange**, genannt wird. Früher wurde sie auch, wegen der kreisförmigen (Umlauf-) Bahn, **Sputnik** genannt.

In Maracaibo (Venezuela) wird das aus einer Linie bestehende Metrosystem nach dem Spitznamen der Stadt **Metro del Sol Amado** genannt.

In Bielefeld gab es von 1971-91 nur eine 0.6 km lange unterirdische Stadtbahnlinie mit nur einer Unterpflasterstation. Diese Strecke wurde auch **kürzeste U-Bahn der Welt** genannt. Zum Stadtbahneingang am Hauptbahnhof sagt der Bielefelder Volksmund wegen seiner Form auch **Tüte**. Wegen dort verweilender ‚Penner‘ kamen aber viele Bielefelder nicht mehr in die Tüte, so dass die Stadt versuchte, die dort Alkohol konsumierenden Mitbürger durch das Abspielen klassischer Musik zu vertreiben.

In Linz wird eine neue 1.9 km lange unterirdische Stadtbahn/Tramstrecke als **Mini-U-Bahn** bezeichnet.

In Perugia (Umbrien) heißt ein neues innerstädtisches Standseil-Kabinenbahnsystem auch offiziell **Minimetro.**

Beinamen von U-Bahnhöfen

Berlin	Fehrbelliner Platz	**Bohrinsel**
Bielefeld	Stadtbahnstation Hauptbahnhof	**Tüte** (Stationseingang)
München	St. Quirian-Platz	**Umgekehrte Tacoschale**
Hannover	Kröpcke	**Kathedrale des Nahverkehrs**
Lille	République Beaux-Arts	**Le cratère** (der Krater)
Paris	Bastille (in den 1960er Jahren abgebrochen)	**La Pagode** (Guimard-Jugendstilbau)

U-Bahnfahrzeuge

Für U-Bahnwagen sind Beinamen eher selten. In Hamburg wurden die ab 1959 eingesetzten U-Bahnwagen TU2 wegen ihrer Außenhaut aus Nirostastahl **Silberlinge** genannt. In Wien ist es ebenfalls die Wagenfarbe, die zum Spitznamen **Silberpfeil** führt. In Berlin waren es jedoch zwei runde Fenster in der Fahrzeugfront die der Bauart B1 zum Beinamen **Tunneleule** verholfen haben. Bei den Waggons EV3-100 der Budapester Metro ist es die rosa-orange Inneneinrichtung, die den Volksmund zum **Barbie**vergleich inspiriert hat. In New York werden U-Bahnfahrzeuge ebenfalls nach ihrer Farbe benannt, so gibt es **Brightliners** und **Redbirds**. U-Bahnfahrgäste werden in New York übrigens auch **Straphangers** genannt, weil sie sich an den Haltgriffen (straps) festhalten.

U-Bahnwagen		
Typ	Spitzname	Weitere Beinamen Kommentar
Hamburg TU2-Wagen	**Silberlinge**	
Wiener U-Bahnwagen	**Silberpfeil**	
U-Bahn Berlin Triebwagen B1	**Tunneleule**	
Metro Budapest EV3-100	**Barbie**	Wegen rosafarbener Inneneinrichtung
New York R32	**Brightliner**	
New York R33/36	**Redbird**	

4.2 Straßenbahnen

In Dresden gibt es ein Gebäude an der Straßenbahn-haltestelle am Postplatz mit einem Informationshäuschen (früher mit Fahrkartenverkauf), das **Käseglocke** genannt wird. Eine Schalterhalle im U-Bahnhof Wandsbek in Hamburg hat wegen des Oberlicht-Gewölbes ebenfalls den Spitznamen Käseglocke. In Hamburg gab es bis zur Einstellung der Straßenbahn im Jahre 1974 einen **Rha-barberexpress**, dies war der Spitzname für die Linie 9 im Abschnitt Fabriciusstraße. Eine ehemalige Straßen-bahnlinie von Altona ins Zentrum Hamburgs wurde vor dem Zweiten Weltkrieg wegen der pagodenartigen Dachform und der Wagenfarbe **Chinesenbahn** genannt. In Prag hat die von vielen Touristen benutzte Straßen-bahnlinie 22 den Beinamen **Taschendiebexpress**.

In Houston/Texas wurde im Jahre 2004 eine neue, im Straßenplanum verlaufende Stadtbahn eröffnet (Metro-rail), die mit 2 Unfällen pro Monat anfangs so unfall-trächtig war, dass sie in Anlehnung an das Tennessee Williams-Theaterstück (Streetcar named desire) **Street-car named disaster** oder auch wham-bham-train und weapon of mass destruction verspottet wird.

In Dublin wurde die Dublin&Blessington Dampfstraßen-bahn einst wegen zahlreicher Unfälle ‚**längster Friedhof der Welt**' genannt. In Berlin wiederum werden die stumpf endenden Schienen einer unfertigen Tramlinie zum Potsdamer Platz nach einem Verkehrssenator auch Striederschienen genannt. In Frankfurt wird eine mit bunt bemalten Straßenbahnfahrzeugen befahrene Touristen-linie als ‚Ebbelwoi-Express' (auch *Ebbel-Ex*) vermarktet. In Dresden wird die Straßenbahnlinie 4 als Theater-express bezeichnet, auf Mallorca die Tram von Soller nach Soller Port als Orangenexpress. In Douai (Frank-reich) verhalfen geringe Fahrgastzahlen den Straßen-bahnen zum Spitznamen, *le solitaire*, der Einsame.

Bezeichnungen für die Straßenbahn		
Deutschland	**Die Elektrische Trambahn**	Altertümlicher Begriff Letzte Fahrt: Lumpensammler
Deutschland	**Straba, Strab**	Abkürzung
Schweiz	**Das Tram, Trämli**	Deutschland: die Tram
England	**Tramway Tram, Light rail**	
USA	**Streetcar, trolley**	
Basel	**Drämmli**	
Darmstadt	**Ellebembel**	
Dresden	**Glocke**	
Freiburg	**Hoobl**	
Heidelberg	**Ögg**	Abgeleitet von Oberrheinische Eisenbahngesellschaft (OEG)
Heilbronn	**Spatzenschaukel**	Fuhr bis 1955
Mannheim	**Funkeschäß**	In Ulm ähnlich Funkenchaise genannt
München	**Die Tram, Trambahn**	International gebräuchlicher Begriff, in Deutschland aber eher auf München beschränkt
Leipzig	**Bimmel**	Lautmalerisch
Naumburg	**Wilde Zicke**	
Offenbach	**Knochemiehl**	
Salzburg	**Rasende Eierspeis**	Wegen des weiß-gelben Anstrichs
Wien	**Bim**	Lautmalerisch. Letzte Bahn am Abend: die Blaue.
Oslo	**Trikken**	= Elektrische
Lille-Roubaix-Tourcoing	**Mongy**	
Douai (Frankreich)	**Le solitaire**	Wegen geringer Fahrgastzahlen vor der Stilllegung
Dublin	**Daniel Day**	Nach einer literarischen Figur
Rio de Janeiro	**Bonde**	Nach den Aktien (Bonds) die früher für die Trambahngesellschaft ausgegeben wurden.
Hong Kong	**Ding ding trams**	Wegen des Klingeltones
Shenyang	**Dolphin trams**	Wegen des Frontteils

Straßenbahnwagen

Tschechische Tatra-Straßenbahnen (Typ T4D), die in Ostdeutschland und Osteuropa einst weit verbreitet waren, aber durch ihr Gewicht zu einem schnellen Schienenverschleiss führten, wurden auch als **Dubceks letzte Rache** verspottet. Andere Spitznamen waren Rotarsch und Lattenzaun. Der Typ T1 wird auch Großmutter aller Tatra-Wagen genannt.

Der von der Heidelberger Waggonbaufirma gebaute Straßenbahntriebwagen TW66 wurde im Volksmund **Spitzmaus** genannt.

Der Straßenbahntyp T6A2 hat so große Fenster, dass er **Aquarium** genannt wird.

In Dresden wird der NGT 6DD wegen seiner Form und gelben Lackierung auch **Donald Duck** genannt.

In der Schweiz hat die Restaurant-Straßenbahn der Verkehrsbetriebe Zürich den zungenbrecherischen Spitznamen Chuchichäschtli (Küchenkästchen).

Straßenbahnwagen		
Typ	**Spitzname**	Weitere Beinamen Kommentar
T6A2	**Aquarium**	Wegen der großen Fenster
NGT 6DD	**Donald Duck**	In Dresden wegen Form und gelber Farbe
T4D	**Dubceks letzte Rache**	Auch Klatschi genannt
T6	**Summi**	
ET 57	**Gothaer**	
Duewag	**Schütteltram**	Düsseldorfer Schütteltram
Siemens Combino	**Staubsauger**	In Rostock auch Schuhkarton genannt
GT6	**Fritz**	

Straßenbahnlinien

Als die Südliche Berliner Vorortbahn im Jahre 1899 zwischen Rixdorf-Tempelhof-Schöneberg auf ersten Streckenabschnitten eröffnet wurde, waren große Teile des Gebietes noch unbebaut, was ihr zum Beinamen Wüstenbahn verholfen hat.

Tramlinien, die durch migrantisch geprägte Stadtteile führen, haben in manchen Städte auch den Beinamen *Orientexpress*, so in Duisburg, Frankfurt und Basel. Tramlinien, welche zu Friedhöfen führen werden auch als **Witwenexpress** oder **Gießkannenexpress** bezeichnet, so in München und in Wien. In München hatte die ehemalige Linie zum Viktualienmarkt auch den Beinamen **Kohlrabi Express**. Auf Mallorca gibt es eine Straßenbahnlinie, die an Orangenbäumen vorbeifährt und entsprechend Orangenexpress genannt wird. Noch südlicher sind in Algerien in den letzten Jahren etliche Straßenbahnbetriebe eingerichtet worden. Das neue Straßenbahnsystem von Ouargla gilt als Straßenbahn an der Pforte zur Sahara.

Berlin	Einstige Straßenbahn Rixdorf-Britz-Tempelhof-Schöneberg	**Wüstenbahn**
Duisburg	Linie 903 n. Dinslaken	**Orientexpress**
Frankfurt	Touristenlinie	**Ebbelwei-Express**
	Linie 11	**Orient-Express**
Hagen	Ehem. Linie nach Boele	**Vatikan-Express**
München	Ehem. Linie 5 (zum Viktualienmarkt)	**Kohlrabiexpress** **Gießkannenexpress**
Basel	Tramlinie 14	**Orientexpress**
Wien	Tramlinie 71	**Witwenexpress**
Wien	Tramlinie 6	**Gießkannenexpress**
Mallorca	Soller-Port Soller	**Orangen-Express**
Ouargla (Algerien)	Neues Straßenbahnsystem	**Straßenbahn an der Pforte der Sahara**

4.3 Besondere Bahnen (Schwebe- und Standseilbahnen)

Stuttgart hat zwei Nahverkehrssysteme mit speziellen Beinamen. Da ist zum einen die 1929 erbaute und 536 m lange Standseilbahn vom Stadtteil Heslach zum 90 m höher gelegenen Waldfriedhof, die im Volksmund **Erb-schleicher-Express** oder **Lustige Witwen-Express** genannt wird. Zum anderen hat die 1884 eröffnete, 2.2 km lange Zahnradbahn, die auf ihrem Weg nach Degerloch 205 Höhenmeter überwindet, den Beinamen **Zacke**.

In Bern wird das Parlament mit seinem Standseilbahn-anschluss ironisch auch *Bergstation der Standseilbahn* genannt.

In Salzburg gibt es seit 1892 eine 200 m lange Stand-seilbahn, die den Burgberg hinauffährt. Bis 1959 war sie eine Wasserballastbahn und hatte deshalb den Beinamen **Tröpferlbahn.** Im Jahre 1960 wurde jedoch auf elek-trischen Betrieb umgestellt. In der Schweiz (Lausanne) und in Frankreich (Le Havre) heißen Standseilbahnen nach dem Seil oft einfach *Ficelle*, gelegentlich auch *Funi* (von Funiculaire = Standseilbahn).

Los Angeles hatte einst zwei Standseilbahnen, Court Flight und Angels Flight. Die 1901 eröffnete und 1969 stillgelegte 100 m lange Angels Flight, offiziell Los Angeles Inclined Railway, wurde auch **kürzeste Eisen-bahn der Welt** (shortest railway in the world) genannt. Im Jahre 1996 wurde die Standseilbahn wiedereröffnet, nach einem tödlichen Unfall jedoch bereits im Jahr 2001 wieder geschlossen. 2010 wieder eröffnet wurde sie 2013-2017 nach einem weiteren Unfall nochmal geschlossen.

Probleme gibt es auch mit der Kabinen-Schwebebahn Skytrain, die den Düsseldorfer Flughafen mit einer Bahnstation verbindet. Wegen zahlreicher Pannen wurde die von Siemens gebaute, 2.5 km lange Anlage auch als

Stehtrain, **Hängepartie** oder **Witzbahn** verspottet. Wesentlich zuverlässiger funktionieren dagegen die beiden bereits vor über hundert Jahren eröffneten Schwebebahnen in Wuppertal und Dresden.

Die im Jahre 1901 eröffnete 13.3 km lange (davon 10 km über der Wupper) Wuppertaler Schwebebahn hat im Volksmund die Beinamen: **Alte Dame**, **Eiserner Lindwurm und Tausendfüßler**. Ein in gelb gehaltener Triebwagen hat den Beinamen ‚**fliegende Banane**‘.

In Dresden gibt es eine ähnliche, ebenfalls im Jahr 1901 eröffnete, aber nur 274 m lange Bergschwebebahn, deren bewegliche Wartungsbrücken werden auch *Weißer Schwan* genannt. In Pfullingen gibt es ein *Peoplemover* genanntes System der Straßenüberquerung mit einem Aufzug, der im Schwäbischen auch **Leutelupfer** genannt wird.

Spitznamen für Zahnrad- , Standseil- und Schwebebahnen	
Standseilbahnen	
Stuttgart (Heslach)	**Lustige Witwen- Express, Erbschleicherexpress**
Augustusburg (Sachsen)	**Alte Dame**
Salzburg (Burgberg)	**Tröpferlbahn**
Kiew	**Mechanischer Aufzug von St. Michael**
Los Angeles (Angel's Flight)	**Kürzeste Eisenbahn der Welt**
(Luft-)Seilbahn	
Kapstadt	**Fonduetöpfe (Gondeln)**
Zahnradbahnen	
Stuttgart (Degerloch)	**Zacke, Bahn zur schönen Aussicht**
Schwebebahn	
Wuppertal	**Alte Dame, Eiserne Lady Tausendfüßler**
Düsseldorf (Skytrain)	Stehtrain, Hängepartie, Witzbahn
Detroit people mover	Ghost train

4.4 S- Bahnen

Was S-Bahnen betrifft, hat Berlin ein paar Spezialbe-
zeichnungen und Spitznamen zu bieten. Der innere S-
Bahn-Ring wird wegen seiner Form auch als **Hundekopf**
bezeichnet. Die Wannseebahn hieß früher, nach dem
Bankier Conrad, der sie initiierte, auch **Bankierszug** oder
Wahnsinnsbahn auf Conrädern. Sie stellte eine Verbindung von der Innenstadt zu den Wannsee-Villen her,
eine Gegend, die vom reichen Bankier Conrad
erschlossen wurde.
Die S-Bahn-Züge im Außenring um Berlin wurden zu
Mauerzeiten auch als **Sputnik** bezeichnet. Die Bahnlinie
von Nauen nach Potsdam dagegen heißt, seitdem ein
Bahndamm wegrutschte, auch **Rutschbahn.**
Die ehemalige Bahnstrecke von Wannsee nach Stahns-
dorf (zu den dortigen Friedhöfen) hieß auch **Friedhofs-
bahn.** Die Berliner wiederum nennen ihr Netzschema
Netzspinne, was jedoch nicht einmalig sein dürfte.
In Madrid wurde eine unterirdische Nord-Süd-Bahnver-
bindung **Tunel de la risa** (Lach-Tunnel) genannt, weil es
so viele Verzögerungen bis zur Fertigstellung gab.

Beinamen von S-Bahnhöfen		
Berlin	Ostkreuz	**Rostkreuz**
Hannover	Nordstadt	**Blaue Grotte**
S-Bahnlinien		
Paris	RER-Linie A	**Millionär** (1 Million Fahrgäste/Tag)
Paris	RER-Linie D	**Ligne Poubelle** (Mülllinie)
Zürich	S7 Zürich-Rapperswil	**Goldküstenexpress**

4.5 Autobusse

Buslinien

In Hamburg-Blankenese, wegen seines Treppenviertels auch ‚Positano des Nordens' genannt, erklimmt die Buslinie (48) den steilen Elbhang. Sie und ihre Busse werden deshalb Bergziege genannt.

Wo sich viele Touristen in Bussen drängen, haben Taschendiebe leichtes Spiel. In Rom betrifft das vor allem die Buslinie 64, die den Bahnhof Roma Termini mit dem Petersdom verbindet. Diese Linie hat den Spitznamen **Taschendiebexpress** bzw. **Brieftaschenesser** (englischsprachige Reiseführer nennen die Linie Pickpocket express oder wallet eater). Als **Taschendieblinien** gelten auch die Buslinie 24 zum Parc Güell in Barcelona, die Buslinie 175 vom Warschauer Flughafen Okecie ins Stadtzentrum und die Buslinie Piräus-Airport im Raum Athen. In Grenoble wird der Bus zum Polygone Scientifique **Polly** genannt.

Im Raum New York ist die Metropolitan Transport Authority (MTA) Buslinie 62 unpopulär. Statt Sixty-two heißt sie auch **Sixty-screw** (sechzig-reingelegt).

In Zürich gilt die zum Langstraßenquartier verkehrende Buslinie 31 auch als Junkie-Express.

Beinamen von Buslinien		
Hamburg-Blankenese	Linie 48	**Bergziege**
Grenoble	34 (zum Polygone Scientifique)	**Polly**
Rom	64 Expressbus 40	**Taschendieb-Express Wallet eater (Brieftaschenfresser)**
New York	62	**Sixty-screw**
Zürich	32	**Junkie-Express, Bronx-Express**

Bushaltestellen

Spitznamen für Bushaltestellen sind relativ selten. Eine Ausnahme sind die Bushaltestellen am Oberhausener Bahnhof, die wegen der Dachform **Surfbrett** genannt werden. In Duisburg Hamborn gibt es zudem eine Bushaltestelle in der Nähe eines Rhabarberfeldes, welche auch **Rhabarberbahnhof** genannt wird. In Hannover wurde in den 1990er Jahren mit dem Projekt Busstop versucht, Bushaltestellen interessanter zu gestalten. Wichtige Architekten und Designer konnten dafür gewonnen werden. Die von Alessandro Mendini am Steintor in gelb-schwarz lego-ähnlich gestaltete Haltestelle wird im Volksmund auch **Trutzburg am Steintor** und die von Frank Gehry gestaltete am Braunschweiger Platz **Franks Dinosaurier** genannt.

In Aachen wird die vom Architekten Peter Eisenmann gestaltete dekonstruktivistische Bushaltestelle am Friedrich-Wilhelm-Platz in der Innenstadt von der Bevölkerung als **Frittezäng** (Frittenzange) bezeichnet.

Der Busbahnhof Port Authority Bus Terminal in New York wird manchmal als **geschäftigster Busbahnhof der Welt** (world's busiest bus terminal) bezeichnet. Zudem erschien er auf einer Liste der 10 hässlichsten Gebäude der Welt.

Stadt	Bushaltestelle	Beiname
Aachen	Bushaltestelle Friedrich-Wilh.-Platz	**Frittezäng**
Duisburg	Bushaltestelle im Stadtteil Hamborn	**Rhabarberbahnhof**
Hannover	Bushaltestelle am Steintor	**Trutzburg am Steintor**
Hannover	Haltestelle Braunschweiger Platz	**Franks Dinosaurier**
Oberhausen	Bushaltestelle am Hbf	**Surfbrett (Dach)**

Fahrzeuge

Ein Fünftel des Weltpersonenverkehrs (in Personenkilometern) wird durch Busse erbracht. In vielen Entwicklungsländern sind Busse das wichtigste Fernverkehrsmittel. Dort kommt es durch Mischung langsamer und verletzlicher mit schnellen Verkehrsteilnehmern im selben Straßenraum, überalterten Bussen, schlechten Straßen und teilweise aus klimatischen und topographischen Gründen zu einer großen Zahl von Verkehrsunfällen. In Kenia werden Busse deshalb auch als **fahrende Särge** (matatus) bezeichnet. Kleinbusse und Sammeltaxis heißen in Ostafrika auch Dalla Dalla. In Kuba zwangen die Ersatzteilknappheit (Handelsboykott durch die Amerikaner, Devisenknappheit) und der Energiemangel in den 90er Jahren die Verkehrsbetriebe dazu, LKW-gezogene Sattelbusse, so genannte **Camellos** (Kamele), einzusetzen. Im bergigen Kolumbien heißen die steigungsstarken Busse **Chiva** (Ziege). In Guatemala werden die Fernbusse auch **Chicken buses** (Hühnerbusse) genannt, denn oft werden Hühner mittransportiert.

In Hamburg-Blankenese erklimmen die Mercedes-Kleinbusse der Linie 48 so unermüdlich das Elbufer, dass sie **Bergziege** genannt werden (Bezeichnung gilt auch für diese Buslinie insgesamt). Die in Ungarn hergestellten Ikarus-Busse der Baureihe 66 wurden wegen ihrer Form auch als **Rakete** bezeichnet.

Der neue Mercedes Benz O 520 Cito hat durch seine Hybridantriebsart den Spitznamen **rollendes Notstromaggregat**. Dieser Bus hat einen Dieselmotor, der über einen Generator Strom für den Fahrmotor erzeugt, und ist mit Drehstromtechnik ausgerüstet. Allerdings reagiert der Motor relativ träge. In Stuttgart sind auf der Linie 44 seit November 2003 Brennstoffzellenbusse im Einsatz. Als Fuel Cell Bus vermarktet, verballhornen dies die Schwaben zu **Futzelbus**.

Oberleitungsbusse (O-Busse, Trolleybusse) hatten verschiedene Namen. In München wurden sie als Stangerl-Busse bezeichnet, in Berlin auch als Gleislobus, teilweise auch als gleislose Bahn. In Solingen werden die Obusse im Volksmund auch Stangentaxis genannt. Dort fuhren 1952-1962 die ÜH III Obusse mit Anhängern, in denen geraucht werden durfte. Die Anhänger wurden deshalb im Volksmund Raucherkugel genannt.

Im mongolischen Ulan Bator werden Obusse wegen ihrer Antriebskraft auch *Ziegenwagen* genannt.

Gelenkbusse werden umgangssprachlich auch als *Schlenki* oder als **Ziehharmonikabus** bezeichnet.

Doppeldeckerbusse sind in Deutschland eher selten. In Berlin sind sie gelb lackiert und werden von der Bevölkerung auch die **Großen Gelben** genannt.

Ersetzen Busse stillgelegte Bahnstrecken, werden diese von Schienenfreunden auch als Gummibahn verspottet.

Modell	Beiname	Kommentar
Büssing D2U	**Trampelwagen**	In Berlin in den 1960ern eingesetzt
Büssing D3U	**Großraumbüro**	
Büssing DE	**Jumbo**	
Daimler Benz 0319 D	**Bergziege**	Baujahr 1965
Ikarus 66	**Rakete**	Urausführung wird auch als Urrakete bezeichnet.
Mercedes Benz O 520 Cito	**Rollendes Notstrom- aggregat**	Der Bus wandelt Dieseltreibstoff in Elektrizität um.
Polizeiwagen	**Grüne Minna**	Auch Gefängniswagen
Fuel cell bus	**Futzelbus**	Schwäbischer Spitzname (von fuel cell bus)
Jelcz (Polen)	**Gurke**	

Der VW-Bus

Während es für Busse insgesamt wenig Beinamen gibt, gab es für den <u>VW-Transporter</u>, ähnlich wie für den VW-Käfer, etliche Spitznamen. So hieß er in Deutschland Bulli, das ältere zweifarbige Modell (T1, 1949-1967) auch **Samba**. In Dänemark hieß dieser Transporter auch *Rugbroed (Roggenbrot)*, in England und den USA *Barndoor* (Scheunentor, zusätzlich, wie in anderen Ländern auch *splitscreen* = geteilte Windschutzscheibe). In Finnland hieß dieser Bus auch *junakeule* (Zugfront, weil ältere finnische Züge eine ähnliche Frontpartie hatten). Die Polen nannten ihn auch *Papuga* (Papagei).

Das Nachfolgemodell T2 (1968-1979) hieß in Kanada auch *Hektor*, in England und den USA auch *breadloaf (Brotlaib)* oder auch *wraparound* (Rundgewickleter). In den Niederlanden und den USA galt auch die Bezeichnung *Hippie-Van,* in Polen *Ogorek* (Gurke).

Der von 1980-1983 gebaute T3 hieß in den Niederlanden *Vierkantbus* oder *Kartoffelkiste* (aardappelkist) in Ungarn auch Kocka (Würfel).

VW-Transporter		
Model	**Beiname**	
VW Bus 8-Sitzer, T1 (1949-1967)	**Bulli, Bully** **Samba-Bus** (wg. Zweifarbigkeit) USA: **Barndoor**	Dänemark: Rugbroed Finnland : Jukela (Zugfront) Polen: Papuga (Papagei)
VW-Bus und Transporter T2	**Bulli** USA: **hippie-van, bread loaf** (Brot-laib) Niederlande: **hippie-van, bussie**	Auch Bully Kanada: Hektor Polen: Ogorek (Gurke)
VW-Bus und Transporter T3	**Bulli**	Ungarn: Würfel Niederlande: Kartoffelkiste

5. Eisenbahn

5.1 Bahnhöfe (Personenverkehr)

Während fast alle Schienenfahrzeuge und etliche Neben-
bahnlinien Beinamen haben, sind Beinamen für Bahnhöfe
eher selten. Vielleicht deshalb, weil Bahnhöfe ja schon
mit der jeweiligen Stadt verbundene Namen haben. Auch
würden Beinamen eher Verwirrung stiften, wollte jemand
den Weg zum Bahnhof finden. Beinamen haben Bahnhöfe somit nur in besonderen Fällen (besondere
Architektur oder Funktion).
Berlin ist die Hauptstadt der Gebäudebeinamen, in keiner
anderen Stadt gibt es so viele Beinamen für markante
Gebäude. Obwohl die Berliner sonst schnell mit Beinamen zur Hand sind hat sich jedoch für den neuen
Berliner Hauptbahnhof noch kein Beiname richtig
etabliert. Der Berliner *Tagesspiegel* hat deshalb Anfang
2007 einen Beinamenwettbewerb für diesen Bahnhof
kreiert, um endlich einen Spitznamen zu finden. Vielleicht liegt es auch daran, dass dieser ursprünglich
Lehrter Bahnhof heißen sollte und es damit bereits zwei
Namen für einen Bahnhof gab. Außerdem hat Berlin
mehrere Fernbahnhöfe, die im Laufe der Geschichte
immer wieder den Namen wechselten. Trotzdem gab es
bereits Versuche, dem Berliner Hauptbahnhof einen
Beinamen zu verpassen. In der englischsprachigen Aus-
gabe von Spiegel online wurde er schon mal als **glas
armadillo** tituliert (gläsernes Gürteltier). Diese Bezeichnung kann sich jedoch im Deutschen nicht durchsetzen, da es in Westberlin, bereits ein IHK-Bürogebäude
unweit des Bahnhofs Zoo mit dem Spitznamen Gürteltier
gibt. Manchmal wird der neue Bahnhof von der DB auch
als **Eisenbahndrehkreuz Europas** bezeichnet, was eher
Wunschdenken in Bezug auf seine zukünftige Rolle darstellt. In der Presse wurde der Bahnhof auch als

Mehdorns Kristallpalast oder als **Glaspalast mit Wüste** bezeichnet, da um ihn herum sich städtebaulich noch wenig entwickelt hat. Seit im Januar 2007 sich bei einem Sturm Stahlträger gelöst hatten und der Bahnhof gesperrt werden musste, wird der Bahnhof auch als **Pannenbahnhof** verspottet. In Berlin gibt es weitere Bahnhöfe, die mit Beinamen belegt sind, darunter wegen Wild-Urinierens *Urologischer Garten* (für Zoologischer Garten), die Grenzübergangsstelle **Tränenpalast** am Bahnhof Friedrichstraße, und der Schlesische Bahnhof, der wegen den Schienenverbindungen zu katholischen Gebieten im Osten **katholischer Bahnhof** genannt wurde. Der Anhalter Bahnhof galt wiederum einst als **Mutterhöhle der Eisenbahn** oder als **Tor in die blaue Ferne**. Der alte Lehrter Bahnhof galt wegen seiner Architektur als **Schloss unter den Bahnhöfen**. Der Bahnhof von Wünsdorf bei Berlin wurde wegen der dort stationierten großen sowjetischen Garnison auch *Russenbahnhof* genannt. Russenbahnhof ist auch die Bezeichnung für einen Straßenbahnbetriebshof in Leipzig.

Berliner Bahnhöfe	
Anhalter Bhf	**Mutterhöhle der Eisenbahn** **Tor in die blaue Ferne**
Berlin Hauptbahnhof	**Glaspalast mit Wüste** **Bröckelbahnhof**
Friedrichstraße	**Tränenpalast** (Grenzübergangsstelle)
Schlesischer Bhf	**Katholischer Bahnhof**
Lehrter Bahnhof	**Schloss unter den Bahnhöfen**

Der Bahnhof des Auswandererhafens Cuxhaven hieß früher auch **Bahnhof der Tränen**. Das Auswandererkai am Columbusbahnhof in Bremerhaven wird dagegen heute noch **Kaje der Tränen** genannt.

Ein neuer Bahnhof mit Spitznamen ist der Bahnhof Kassel-Wilhelmshöhe, der wegen seines zugigen Vorplatzes und einer durchlaufenden Windschneise **Palast der tausend Winde** genannt wird. Der Hauptbahnhof Kassels (Kopfbahnhof) trägt heute dagegen den Titel Kulturbahnhof. Der wenig repräsentative Hauptbahnhof Dortmunds wird manchmal als **Pommesbude mit Gleisanschluss** verspottet. Es bestanden Pläne, ein futuristisches Einkaufs- und Entertainment Center, das wegen seiner spektakulären architektonischen Form **UFO** genannt wurde, zu verwirklichen. Dieses Projekt scheiterte jedoch. Dennoch soll der Bahnhof ein neues Gesicht bekommen. Der Leipziger Hauptbahnhof wird wegen seiner Einkaufspromenaden auch als **Einkaufszentrum mit Gleisanschluss** bezeichnet.

Schwammerlbahnhof war ein Spitzname des stillgelegten Giesinger Bahnhofs in München, da man von dort zum Schwammerln sammeln (Pilze sammeln) in die südlich gelegenen Wälder fahren konnte.

Ehemalige Beinamen	
Chemnitz-Glösa	**Kartoffelbahnhof**
Cuxhaven	**Bahnhof der Tränen**
Karlsruhe Hbf	**Villa Duckdich**
Ludwigshafen Hbf	**Modernster Bahnhof Europas**
Rostock Hbf	**Lloyd-Bahnhof**
Solingen Hbf	**Gammelbahnhof** (ehemaliger Hauptbahnhof)

Der Würzburger Hauptbahnhof wurde von `Bild am Sonntag´ **Deutschlands schäbigster Bahnhof** genannt, weil dieser 50er Jahre-Bahnhof mittlerweile dringend sanierungsbedürftig ist. Auch der Ludwigshafener Hauptbahnhof ist nicht mit Würde gealtert und wirkt heute abschreckend. Bei seiner Einweihung im Jahr 1968 galt er noch als *modernster Bahnhof Europas*.

Der stark von Vandalismus und Verfall geprägte Bahnhof Solingen Hbf einst **Gammelbahnhof** genannt, wurde 2006 zu einem Designzentrum umgebaut. Solingen-Ohligs wurde daraufhin in Solingen Hbf umbenannt. Seit der Bahnhof im Zuge der Expo 2000 nach Plänen des österreichischen Malers Hundertwasser umgestaltet wurde, hat Uelzen einen **Hundertwasserbahnhof.**

Noch aktuelle Beinamen	
ALB-GOLD Kundenzentrum	**Spätzleshaltestelle**
Altenbeken Bhf	**Fünffingerbahnhof** Wegen der Anordnung der Gleise
Bad Liebenzell	**Marmorbahnhof**
Schönefeld (Berlin Airport)	**Freies Feld** Weil weit von bebauten Flächen entfernt
Bremen Columbusbhf	**Bahnhof am Meer**
Dortmund Hbf	**Pommesbude mit Gleisanschluss**
Hannover Nordstadt	**Blaue Grotte, Blauer Bahnhof** Wegen der blauen Glaskacheln
Kassel Wilhelmshöhe	**Palast der tausend Winde** **Größte Tankstelle der Welt** (Vordach)
Köln Hbf	**Bahnhofskapelle**
Leipzig Hbf	**Einkaufszentrum mit Gleisanschluss**
Leverkusen Mitte	**Bahnhofsklo**
Mechernich	**Miniaturbahnhof** Weil er so mickrig ausfiel.
Saßnitz Fähranleger	**Glasbahnhof** (Fähranleger später nach Mukran verlegt)
Uelzen	**Hundertwasserbahnhof**
Unterneudorf	**Stachelbeerbahnhof** (Haltepunkt)

In Landsberg am Lech wurde der Bahnhof von der Gemeinde übernommen und als **Bürgerbahnhof** mit Einkaufs- und Fahrkartenvertriebsfunktionen außerhalb des

DB-Konzeptes betrieben. Auch in Füssen, Potsdam und Neuruppin gibt es Bürgerbahnhof-Pläne.

Als **Kulturbahnhof** wird manchmal die kulturelle Nutzung betrieblich nicht mehr nötiger Bahnhofsgebäude oder, wie in Kassel Hbf (erster Kulturbahnhof), die kulturelle Nutzung von Teilen des Empfangsgebäudes, bezeichnet.

Kunstbahnhof: Bezeichnung für das nicht mehr genutzte Bahnhofsgebäude von Eschenau in Rheinland-Pfalz.

Umweltbahnhof ist eine 1993 in Rheinland-Pfalz gestartete Initiative, kleinere Bahnhöfe verkehrlich zu vernetzen und dadurch aufzuwerten. Auch in anderen Bundesländern verlaufen Bürgerprojekte zur Rettung und Aufwertung kleinerer Bahnhöfe so. Auch eine Initiative im brandenburgischen Dannenwalde nennt sich so, ebenfalls der Hundertwasserbahnhof in Uelzen.

Eine Initiative in Rheinland-Pfalz, die gewerbliche Nutzung kleinere Bahnhöfe und ihres Umfeldes zu verbessern und neue Entwicklungen anzustoßen, ist der **Mittelstandsbahnhof.** Als Modellbahnhof wurde dafür Flörsheim-Dalsheim bei Worms ausgewählt.

Neuere Konzepte für kleinere Stationen	
Bürgerbahnhof	Landsberg am Lech
Kulturbahnhof	Kassel Hbf, Wolfenbüttel, Neuenkirchen-Voerden, Wusterhausen, Drensteinfurt, Püttlingen, Spalt. Österreich, Schweiz: Affoltern, Mürzzuschlag
Kunstbahnhof	Eschenau (Rheinland-Pfalz)
Mittelstands-bahnhof	Flörsheim-Dalsheim (bei Worms)
Umweltbahnhof	4 Modellbahnhöfe in Rheinland-Pfalz: Bullay, Monsheim, Grünstadt und Niederlahnstein. Brandenburg: Dannenwalde.

Bahnhöfe international

Außerhalb Deutschlands haben Bahnhöfe vor allem in den Niederlanden und Frankreich Spitznamen. Der Bahnhof Rotterdam-Blaak hat wegen seines Daches gleich mehrere Beinamen, darunter Kanaldeckel, Flötenkessel, und Mülleimer (Pedaleimer).

Bahnhof	Spitzname
Österreich	
St. Anton (Österreich)	**St. Beton**
Frankreich	
Haut Picardie (TGV)	**Gare aux betteraves**
Juvisy-sur-Orge	**Größter Bahnhof der Welt**
Lille Europe	**Gare aux courants d´air**
Paris-Châtelet les Halles	**Flipper**
Perpignan	**Spirituelles Zentrum der Welt**
Niederlande	
Groningen	**Kathedrale des Flügelrades**
Den Haag CS	**Sjoelbak**
Eindhoven	**Radio**
Rotterdam Blaak	**Kanaldeckel, Flötenkessel, Mülleimer**
Rotterdam CS (Planung)	**Kartoffelsack**
Tilburg	**Kroepoekdak (Dach)**
Übriges Westeuropa	
Antwerpen-Zentral	**Eisenbahnkathedrale**
London Paddington	**Gateway to the West**
London St. Pancras	**Kathedrale der Eisenbahn**
Südeuropa	
Roma Termini	**Il dinosauro (der Dinosaurier)**
Canfranc (Spanien)	**Phantombahnhof**
Osteuropa	
Bratislava	**Gewächshaus**
Iaşi (Rumänien)	**Deutsches Schloß**
Prag Hlavni Nadrazi	**Wilsonbahnhof**
Sludjanka (Russland)	**Marmorbahnhof**

5.2 Hauptbahnen in Deutschland

Die erste mit Lokomotiven betriebene Eisenbahn Deutschlands war die **Bayerische Ludwigsbahn** von Nürnberg nach Fürth, 1835 eröffnet und 1922 bereits stillgelegt. Sie war nach dem König Ludwig I benannt (1786-1868), der von 1825-1848 regierte. Nach diesem König ist auch die erste Fernbahn Bayerns, die zwischen 1843 und 1854 eröffnete **Süd-Nord-Ludwigsbahn** von Lindau nach Hof über Nürnberg (jedoch nicht München berührend) benannt. Die Strecke führte über das damals noch wichtige Nördlingen, der Teil Nördlingen-Gunzenhausen ist heute jedoch keine Fernverkehrsstrecke mehr. Die bei Dampflokfans berühmte 6.8 km lange, 1848 eröffnete Steilstrecke **Schiefe Ebene** in Nordbayern zwischen Neuenmarkt-Wirsberg und Marktschorgast ist Teil der Süd-Nord-Ludwigsbahn. Der nordöstliche Teil der Ludwigsbahn bildet mit sächsischen Strecken die Sachsen-Franken-Magistrale, die wiederum die nach einem sächsischen Prinzen benannte, 1855 erbaute **Albertbahn** bei Dresden einschließt. Nach König Ludwig I. wurde auch die 1849 eröffnete **Pfälzische Ludwigsbahn** von Ludwigshafen nach Saarbrücken benannt sowie der damalige Main-Donaukanal (Ludwigskanal, eines seiner Lieblingsprojekte). Erst spät entschloss man sich zu einem Bau einer bayerischen Ost-West-Bahn. Die nach dem Nachfolger Ludwigs Maximilian II (1811-1864, König seit 1848) benannte **Bayerische Maximiliansbahn** von Ulm nach Rosenheim und Salzburg wurde 1854-1860 erbaut. Die Pfalz gehörte damals zu Bayern und deshalb gibt es auch eine **Pfälzische Maximiliansbahn** (auch Maxbahn genannt), von Neustadt a.d.W. nach Wissembourg, die nach dem Anschluss des Elsass zu einem Bestandteil einer wichtigen linksrheinischen Hauptstrecke wurde

Nach Herrschern benannte Bahnlinien	
Albertbahn	Dresden-Freital-Chemnitz
Bayerische Ludwigsbahn	Nürnberg-Fürth
Ludwig Süd-Nord-Bahn	Lindau-Hof
Pfälzische Ludwigsbahn	Saarbrücken-Ludwigshafen
Maximilians-bahn	Neustadt a.d.W.-Wissembourg/F

Eine aus militärstrategischen Gründen gebaute Eisenbahn (Umgehung des von der Schaffhauserbahn durchfahrenen schweizerischen Territoriums) ist die **Sauschwänzle-bahn** im Süden Baden-Württembergs (von Weizen nach Blumberg). Um einen Höhenunterschied von 231 m angesichts damaliger Lokomotivleistungen und schwerer Militärzüge mit geringer Steigung zu überwinden, wurde die Bahnstrecke im Zeitraum 1887-1890 mit vielen Schleifen gebaut. Dadurch war die Schienenstrecke allerdings mit 25,9 km wesentlich länger als die Luftlinienentfernung (9,6 km) und für den Personenverkehr eher unattraktiv. In den 60er Jahren wurde die Strecke allerdings von der NATO aus strategischen Gründen renoviert. 1976 kam es zu einer Stillegung des Personenverkehrs. Jedoch wurde bereits 1977 ein Museumsbahnbetrieb eingerichtet und 1988 wurde die gesamte Strecke zum technischen Denkmal nationaler Bedeutung erklärt. Ebenfalls aus militärstrategischen Gründen wurde nach Anschluss von Elsass-Lothringen 1871 die **Kanonenbahn**, die Verbindung Berlin-Metz über Hessen und die Mosel gebaut. Heute werden auch Teilstrecken so genannt, z.B. Berlin-Blankenheim oder Leinefelde-Treysa in Hessen. Auch andere militärstrategisch wichtige Bahnen werden im Volksmund Kanonenbahn genannt.

Die 1874 gebaute **Amerikalinie** Stendal-Bremen war
früher ein Teil einer Verbindung von Schlesien und
Pommern zum Auswandererhafen Bremerhaven (deshalb
der Name). Nach dem Zweiten Weltkrieg verlief die
Bahnverbindung zwischen Hessen und dem ebenfalls
amerikanisch besetzten Bremerhaven ein Stück weit
durch Thüringen und damit die sowjetische Besatzungs-
zone. Im Wanfrieder Abkommen vom 17. September
1945 wurde ein Gebietstausch vereinbart, welcher mit
einer Whisky- und einer Wodkaflasche besiegelt wurde.
Das verhalf der Linie Bebra-Göttingen zum Beinamen
Whisky-Wodka-Linie. Die **Mitte-Deutschland-Verbin-
dung**, einst eine wichtige Verbindung zwischen Sachsen
und Westdeutschland, sollte nach der Wende ausgebaut
werden, sie fand aber nicht einmal Eingang in die Liste
der Verkehrsprojekte Deutsche Einheit und ein Ausbau
als Fernverkehrsschnellstrecke kam nur auf Teilstrecken
zustande.

Die **Rollbahn** zwischen Hamburg und Münster wird wegen ihrer steigungsarmen Trasse so genannt. Hier können
Züge einfach durchrollen.

Besondere Beinamen	
Amerikalinie	Bremen-Uelzen-Stendal-Magdeburg
Kanonenbahn	Leinefelde-Geismar, Teil der ehem. Kanonenbahn Berlin-Koblenz
Rollbahn	Hamburg-Münster
Sauschwänzle-bahn	Weizen-Blumberg
Schiefe Ebene	Marktschorgast-Neuenmarkt-Wirsberg in Oberfranken

Eine Bahn, die sogar ins volkstümliche Liedgut einging
(Stuaget, Ulm und Biberach, Meckebeure, Durlesbach...;
ursprünglich Studentenlied) ist die 1850 eröffnete

Schwäbische Eisenbahn, südlich von Ulm, auch als Südbahn bezeichnet. Im Lied enthaltene, bereits stillgelegte Bahnhöfe wurden teilweise reaktiviert und werden heute von der Bodensee-Oberschwabenbahn bedient (zum Beispiel Meckenbeuren).

Hauptbahnlinien, deren Name geographische Zugehörigkeiten beschriebt	
Allgäubahn	München-Kempten-Lindau Teil der Ludwig-Süd-Nord-Bahn
Anhalter Bahn	Berlin-Jüterbog-Dessau-Köthen
Frankenbahn	Stuttgart-Würzburg
Hollandstrecke	Oberhausen-Arnhem
Marschbahn	Hamburg-Westerland
Mitte Deutschland-Verbindung	Dortmund – Kassel - Leipzig
Ostfriesische Küstenbahn	Emden-Norden (-Jever)
Preußische Nordbahn	Berlin-Stralsund
Preußische Stammbahn	Berlin-Potsdam
Sachsen-Franken-Magistrale	Dresden-Nürnberg
Sächsisch-Schlesische Eisenbahn	Dresden-Görlitz-Breslau
Württembergische Allgäubahn	Aulendorf-Memmingen
Schwäbische Eisenbahn	Stuttgart-Ulm-Friedrichshafen auch Geissbockbahn
Bayerische Tauernbahn	Mühldorf - Freilassing Günstiger trassiert als Strecke über Rosenheim

5.3 Nebenbahnen in Deutschland

Nebenbahnen wurden meist später gebaut als Hauptbahnen und früher stillgelegt, da sie Nahverkehrsfunktionen wahrnahmen, die Siedlungsentwicklung weniger beeinflussen konnten und im ländlichen Raum in stärkerer Substitutionskonkurrenz zu PKW und Bussen standen als der Fernverkehr.

Bei der Moselbahn gab es sogar den seltenen Fall einer Nahverkehrsbahn, die in Konkurrenz zu einer parallel verlaufenden Fernbahnlinie stand. Die 1902-1905 erbaute, dem Lauf der Mosel zwischen Bullay und Trier folgende Moselbahn, durchfuhr viele Weinorte und hatte deshalb den Spitznamen **Säuferbähnchen**. 1968 wurde sie zum Entsetzen der Bevölkerung stillgelegt. Durch ihre vielen Haltestellen kamen Züge auf der 102 km langen Strecke auf eine durchschnittliche Reisegeschwindigkeit von nur 25 km/h. Die zwischen Trier und Bullay moselferner verlaufende Bahnstrecke wird heute ebenfalls als Moselbahn bezeichnet.

Rheinland-Pfalz		
Saufbähn-chen	Trier-Bullay	Bis 1968 stillgelegt
Kuckucks-bähnel	Neustadt-Lambrecht-Elmstein	
Stillgelegt/abgebaute Strecken		
Bawettche	Sprendlingen-Fürfeld	1898-1973

Das **Kuckucksbähnel** in der Pfalz (so genannt wegen der im Wald zu hörenden Kuckucke, Strecke Neustadt-Lambrecht-Elmstein) ist ein Beispiel für eine als Museumsbahn reaktivierte stillgelegte Nebenbahn. Die Bahnlinie wurde, vor allem für den Holztransport, im Jahre 1909 eröffnet, für den Personenverkehr aber schon 1960 eingestellt, während der letzte Güterzug 1977 fuhr. 1984 wurde ein Museumsbahnbetrieb eingerichtet.

Zwischen Osnabrück und Bielefeld gibt es eine Hauptbahn- und eine Nebenbahnverbindung. Die Nebenbahnstrecke, nach dem Kutscher Willem Stuckemeyer aus Halle/Westfalen **Haller Willem** genannt, wurde 1886 eröffnet und zwischen Osnabrück und Dissen-Bad Rothenfelde in den 1980er Jahren stillgelegt. Auch der restliche Abschnitt nach Bielefeld war gefährdet. Dieser wurde jedoch zur Expo 2000 als Modellstrecke modernisiert. Der Abschnitt Dissen-Osnabrück wurde später ebenfalls wieder saniert bzw. aufgebaut und die durchgehende Verbindung Bielefeld-Osnabrück im Juni 2005 eröffnet. Die Fahrgastzahlen haben sich seither gegenüber dem Busverkehr mehr als verdoppelt. **Pulverbahn** war die volkstümliche Bezeichnung einer Strecke der (Hamburg-)Bergedorf-Geesthachter Eisenbahn, die auch ein Sprengstoffwerk der Dynamit AG in Kümmel anschloss und deshalb so hieß. Auf der Strecke findet heute noch Museumsbahnbetrieb mit Dampfzügen statt.

Niedersachsen, Bremen, Hamburg	
Haller Willem	Osnabrück-Bielefeld
Moor-Express	Stade-Bremervörde-Osterholz (-Bremen Hbf)
Pulverbahn (stillgelegt)	Bergedorf-Geesthacht

Eine Nebenbahnlinie, die bereits im 2. Weltkrieg für den Personenverkehr stillgelegt wurde, ist die 1886 eröffnete und wegen ihres windungsreichen Verlaufs **Korkenzieherbahn** genannte Nebenbahn, die zwischen Solingen Hbf und Vohwinkel (heute Stadtteil Wuppertals) verlief. Im Rahmen der *Regionale 2006* wurde ein Fuß- und Radweg auf dieser Strecke errichtet. Die Burgholzbahn, die von Elberfeld nach Cronenberg verlief und 1988 stillgelegt und **Samba-Express** genannt wurde, ist eine weitere ehemalige Bahn im Raum Wuppertal. Der **Rheinische Esel** (so genannt wegen der voll bepackten

Marktfrauen, die an manchen Tagen mitfuhren) ist die volkstümliche Bezeichnung für die ehemalige 13 km lange Eisenbahnstrecke von Dortmund-Löttringhausen nach Bochum-Langendreer. Diese 1880 eröffnete Strecke wurde als Hauptbahn angelegt, diente aber dem Lokalverkehr und sah 1979 den letzten Personenzug. 1982 wurde der Güterverkehr auf einer Teilstrecke, 2004 auf der Gesamtstrecke eingestellt.

Nordrhein-Westfalen		
Flitsch (Oleftalbahn)	Kall-Hellenthal	1981 Personenverkehr stillgelegt, 2004 reaktiviert (Touristenverkehr)
Pingel-Anton	Tecklenburger Nordbahn	Im Personenverkehr 1967/1970 stillgelegt
Querbahn	Brühl-Vochem-Wesseling	1900-1981 Personenverkehr. Heute nur Güterverkehr
Trajektbahn	Bonn-Oberkassel	Eisenbahnfährverbindung Bonn-Oberkassel
Stillgelegt/abgebaute Strecken		
Brüggener Klimp	Brüggen-Dulken	1966 Personenverkehr, 1975 Güterverkehr stillgelegt
Erzbahn	Gelsenkirchen-Bismarck-Bochum	In den 1960er Jahren stillgelegte Strecke
Schwarze Bahn	Hernmülheim-Hürth-Berrenrath	6 km lange Strecke, 1968 stillgelegt, wegen der Kohle so genannt
Silscheder Kohlenbahn	Hagen-Haspe Silschede	1832 als Pferdeeisenbahn eröffnete, 1959 stillgelegte Strecke

Zuckerlottche war ein Spitzname für die rheinhessische *Selztalbahn* zwischen Frei-Weinheim und Jugenheim-Partenheim. Den Beinamen Zuckerlottche erhielt sie wegen der vielen, jeden Herbst stattfindenden Transporte von Zuckerrüben. Der Personenverkehr auf dieser 1904 eröffneten Strecke wurde 1954 eingestellt, der Güterverkehr sukzessive bis 1976.

Hessen		
Ländchesbahn	Wiesbaden-Niedernhausen	1879 eröffnete 20 km lange Dieselstrecke
Limesbahn	Bad Soden im Taunus-Niederhöchstadt	Erst 1972 eröffnet, Teil der S-Bahn Rhein-Main (5 km lang)
Stockheimlieschen	Bad Vilbel-Stockheim (Niddatalbahn)	1905 eröffnete, 30 km lange Strecke, in den letzten Jahren modernisiert
Uplandbahn	Brilon Wald-Korbach	30 km lange Strecke
Zuckerlottche	Frei-Weinheim-Jugenheim-Partenheim	

Stillgelegt/abgebaute Strecken		
Balkanexpress	Haiger-Breitscheid	Personenverkehr 1926-1980
Gickelche	Osthofen-Westhofen	1888-1958
Odenwälder Lieschen	Reinheim-Reichelsheim	1887-1963 (Personen) -2005 (Güter)

Balkanexpress wurde eine Stichbahn vom hessischen Haiger nach Breitscheid im Volksmund genannt. Nach Verzögerung durch 1. Weltkrieg und Wirtschaftskrise wurde die Bahnstrecke erst (Teilstrecke) 1926 eingeweiht. 1980 fuhr der letzte Personenzug, 1997 der letzte Güterzug. **Possendorfer Heddel** ist ein Spitzname für die Windbergbahn von Freital bei Dresden nach Possendorf. Die 1856 für den Kohleverkehr erbaute Bahn war die erste Gebirgsbahn Deutschlands und wird auch als **Sächsische Semmeringbahn** bezeichnet. Bereits 1957 im Personenverkehr eingestellt, endete 1993 auch der Güterverkehr. Ab 1991 fand Museumsbahnbetrieb statt, der aufgrund des Streckenzustandes aber 1998 eingestellt werden musste.

Berlin, Brandenburg, Sachsen		
Friedhofsbahn	Berlin-Wannsee-Stahnsdorf	1913 eröffnete, 1961 (Mauerbau) stillgelegt
Lloydbahn	Neustrelitz-Warnemünde	1886 eröffnete 113 km Strecke (Teil der Verbind. Berlin-Kopenhagen)
Kachel- und Töpferbahn	Nauen-Velten	1904-1964 in Betrieb
Zörbiger Saftbahn	Bitterfeld-Zörbig	2002 stillgelegt, 2006 wiedereröffnet
Possendorfer Heddel	Freital-Possendorf	1991-1998 Museumsbahnbetrieb, seither stillgelegt

In Baden-Württemberg gehören zu den stillgelegten Nebenbahnen mit originellem Beinamen das **Bembele** von Vaihingen nach Enzweihingen, auch *Vaihinger Stadtbahn* genannt und das **Sofabähnle** Nürtingen-Neuffen, auch Tälesbahn genannt.

Baden-Württemberg		
Seehäsle	Radolfzell-Stockach	1867 eröffnet, 1983 stillgelegt, 1994 wieder eröffnet (Betrieb d. SBB)
Sofabähnle	Nürtingen-Neuffen	1900eröffnet, 8.9 km
Teckbahn	Wendlingen-Weilheim an der Teck	1864 eröffnete 17 km lange Strecke
Zabergäu-bahn	Lauffen am Neckar-Leonbronn	1896 als Schmalspurbahn eröffnete, 1986 stillgelegte Strecke
Stillgelegte/abgebaute Strecken		
Bembele	Vaihingen-Enzweihingen	1904-2002 auch Vaihinger Stadtbahn genannt
Randenbahn	Singen-Beuren-Büßlingen	1913 eröffnete, 1966 stillgelegte und abgebaute Strecke

In Bayern hieß die Sekundärbahn Erlangen-Grafenberg auch **Seeku(h)**. Angeblich kam einst ein Maler, der an der Bahnhofswirtschaft den Schriftzug „Restauration zur Sekundärbahn" anbringen sollte, bis zum Abend nur bis zum `u´, und so stand über ein Wochenende „Restauration zur Seku.." am Gebäude. Vorbeikommende Studenten machten sich über das Namensfragment lustig und sorgten für eine Verbreitung des Spitznamens.

Bockl war der Beiname etlicher Nebenbahnen in Nordbayern (Hirschauer Bockl, Spalter Bockl, Bockl-Bahn), Im Tettautal gab es auch einen **Mockl**.

Bayern		
Staudenbahn	Strecke Augsburg-Türkheim	1990 im Regelverkehr stillgelegte Strecke, heute Ausflugsverkehr
Filzen-express	Ebersberg-Wasserburg	1905 eröffnet, führt durch Moore (Filzen = bayer. für Hochmoor)
Madonnen-landbahn	Miltenberg-Amorbach-Seckach	1899-1911 errichtete, 40 km lange Strecke im "Madonnenländchen"
Stillgelegte/abgebaute Strecken		
Bockl-Bahn	Neustadt /Waldnaab-Vohenstrauß - Eslarn	Inzwischen stillgelegt und als Radweg ausgebaut
Gredl	Roth-Hilpoltstein	1888-1974 (Personen) bis 1998 (Güter)
Hirschauer Bockl	Amberg-Schnaittenbach	1898-1976
Hofheimerle	Haßfurt-Hofheim	1892-1995
Seeku(h)	Erlangen-Gräfenberg	Sekundärbahn, die am Himbeerpalast (Siemens-Bau) vorbeifuhr
Spalter Bockl	Georgensgmünd-Spalt	1872-1995
Tettauer Mockl	Tettau-Pressig-Rothenkirchen	1903-1993

5.4 Schmalspurbahnen-Deutschland

Das Schmalspurbahnnetz ist in vielen Fällen später entstanden als die Haupteisenbahnen und verschwand schneller, weil es in stärkerer Konkurrenz zum Straßenverkehr (PKWs und Busse) stand und teilweise sogar den Straßenraum mit ihm teilte. In manchen Regionen und Ländern (Belgien, Sachsen) bestand einst ein sehr dichtes Schmalspurbahnnetz. Im öffentlichen Verkehr wurden Schmalspurbahnen oft durch die billigeren Busse ersetzt, der aufkommende Individualverkehr führte zu zusätzlicher Konkurrenz um Fahrgäste und Straßenraum. Wo Schmalspurstrecken auf eigener Trasse oder durch landschaftlich schöne Gebiete verliefen, überlebten sie teilweise und haben heute touristische Funktionen. In manchen Fällen wurden stillgelegte Schmalspurbahnen, zumindest auf bestimmten Streckenteilen, von freiwilligen Helfern wieder aufgebaut und als Museumsbahn, oft mit Dampfzügen, betrieben.

Zwei der bekanntesten Schmalspurstrecken verlaufen in Mecklenburg-Vorpommern. Von dem einst 97 km langen, im Zeitraum 1895-1899 erbauten 750 mm Schmalspurstreckennetz der Rügenschen Kleinbahnen ist nach Stilllegungen von 1967- 1971 heute eine ausschließlich von Dampfzügen befahrene Strecke, vom Volksmund **Rasender Roland** genannt, übriggeblieben. Diese 24 km lange Strecke führt von Göhren nach Lauterbach Mole im Südosten Rügens.

Die Bäderbahn **Molli** (900 mm, Dampflokomotiven) verbindet Bad Doberan mit Kühlungsborn. Sie wurde 1886 eröffnet und 1910 auf 15,4 km erweitert. Wegen ihrer touristischen Funktion stand eine Stilllegung zu DDR-Zeiten nicht zur Debatte. Die DB wollte die Bahn jedoch abstoßen. Daraufhin fand eine Betriebsübernahme des Mollis durch die Mecklenburgische Bäderbahn Molli

GmbH & Co. KG als privates Betriebs- und Infrastruktur-
unternehmen des Landkreises Bad Doberan, der Stadt
Bad Doberan und des Seebades Kühlungsborn statt. Vom
einst umfangreichen sächsischen Schmalspurnetz sind
nur wenige Strecken übrig geblieben, die Lößnitzgrund-
bahn von Radebeul bei Dresden nach Radeburg, Spitzname **Lößnitzdackel,** ist eine der wenigen. Sie wurde
1884 eröffnet und ist 16,5 km lang. 1994 wurde sie nach
Übernahme der Reichsbahn, zu der sie gehörte, durch die
DB von der Deutschen Bahn privatisiert. Sie ist die
einzige verbliebene 750 mm Strecke, die nur von Dampflokomotiven befahren wird. Eine weitere heute noch
bestehende Schmalspurlinie in Sachsen ist die 12,8 km
lange, 1890 eröffnete Zittau-Oybin-Jonsdorfer Eisenbahn, deren Akronym **ZOJE** von der Bevölkerung als
Zug ohne jegliche Eile verballhornt wird. Weiter westlich in Sachsen bestand zwischen Oschatz und Döbeln
einst ein umfangreiches Schmalspurnetz (Spurweite
ebenfalls 750 mm). Mügeln im Zentrum dieses Netzes
hatte sogar einst den größten europäischen Schmal-
spurbahnhof. Nach Stilllegungen in den späten 60er und
frühen 70er Jahren verblieb von dem um 1885 gebauten
Netz nur die Strecke Oschatz-Mügeln-Kemmlitz übrig,
die heute eine touristische Funktion hat und als **Wilder
Robert** bekannt ist. Im Zeitraum 2005-06 wurde ein 1.5
km langer Streckenabzweig nach Glossen wieder aufgebaut. Auch Brandenburg hatte seine Schmalspurbahn-
en, in der Prignitz gab es einst ein 102 km langes 750
mm Schmalspurnetz, das bis 1969 stillgelegt wurde. Ein
7,9 km Stück dieser **Pollo** genannten Bahn wurde bis
2004 als Museumsbahn wiederaufgebaut. Auch in Baden-
Württemberg gab es einst etliche Schmalspurbahnen. So
die von 1905-1973 bestehende 1000 mm Oden-
waldstrecke von Mosbach nach Mudau, im Volksmund
Entenmörder genannt, und die 1899 eröffnete 750 mm

Bahn von Ochsenhausen nach Warthausen, die immer noch Museumsdampfbahnverkehr hat, **Öchsle** genannt. In der Lüneburger Heide in Niedersachsen wurde 1999 die 1 km lange Feldbahn **Wilde Erika** eingerichtet, aber schon 2002 wieder stillgelegt.

Deutschland: noch betriebene Bahnen	
Öchsle	Ochsenhausen-Warthausen (750 mm)
Pollo	Mesendorf-Brünkendorf
Molli	Bad Doberan-Heiligendamm - Kühlungsborn Schmalspurbahn mit Dampfbetrieb
Rasender Roland	Göhren-Putbus, Schmalspurbahn auf Rügen
Wilde Erika	Feldbahn Büsenbachtal-Wörme Dorf (600 mm)
Selfkantbahn	Alsdorf-Tüddern (1000 mm), heute nur kleiner Teil der einst 38.2 km als Museumsbahn
Stumpfwaldbahn Ramsen	Eiswoog-Bockbachtal 2 km, 600 mm
Lößnitzdackel	Lößnitztalbahn Radebeul-Radeburg
Pöhler Pussel	Grünstädtel-Oberrittersgrün
Wilder Robert	Oschatz-Mügeln
ZOJE	Zittau-Oybin-Jonsdorfer Eisenbahn (ZOJE) ZOJE= Zug ohne jegliche Eile, 750 mm
Feldabahn	Salzungen-Kaltennordheim 1000 mm

In West- und Norddeutschland wurden verschiedene Dampf- und Kleinbahnstrecken früher auch *Pängel* oder **Pingel Anton** genannt. Ein Beispiel dafür ist die 1970 für den Personenverkehr stillgelegte Tecklenburger Nordbahn Rheine-Osnabrück, einst eine Schmalspurbahn, welche 1935 auf Normalspur umgespurt wurde.

Stillgelegte Schmalspurbahnen	
Altensteigerle **Rütschle**	Nagold-Altensteig (Schwarzwald), 1891-1967, 1000 mm
Entenmörder **S'Bembele**	Odenwaldexpress Mosbach-Mudau 1917-1973, 1000 mm
Gründerla	Eisfeld-Schönbrunn (Thüringen), 1890-1973, 1000 mm
Jan Reimers	Kleinbahn Bremen-Tarmstedt, 1900- 1956, 1000 mm
Jan Klein	Kleinbahn Leer- Aurich-Wittmund
Laura	Weimar-Rastenberg, 1887-1946 (Abzweig nach Rastenberg 1887-1925), 1000 mm
Lobberle	Durmersheim-Spöck (Karlsruhe), 1891-1922, 1000 mm
Neuhauser **Bockerlbahn**	Fischhausen-Neuhaus - Waitzinger Alm 1922 stillgelegt
Pöhler Pussel	Grünstädtel-Oberrittersgrün (Sachsen), 1889-1971, 750 mm
Rasende Emma **Dünen-Express**	Sylter Inselbahn, 1888-1970, 1000 mm
Schättere	Härtsfeldbahn Aalen-Dillingen, 1901- 1972,1000 mm
Schneck	Pfälzer Oberlandbahn (1000 mm)
Spreewald-Guste	Lübben-Burg, 1970 stillgelegt
Stille Pauline **Blindschleiche**	Rathenow-Nauen (Brandenburg), 1900- 1961, 750 mm
Todtnauerli	Zell-Todtnau (Schwarzwald), 1889- 1961, 1000 mm
Walhallabahn **Walhalla-Bockerl**	Stadtamhof-Wörth, 1889-1969, 1000 mm

5.5 Schmalspurbahnen International

In Korsika ist **le Michelin** eine Gattungsbezeichnung für Nebenbahnfahrzeuge und so wird auch der Bahnverkehr dort mitsamt Strecke genannt. Wegen des unruhigen Laufes auf ausgefahrenen Schienen werden die Triebwagen dort auch „der Zitternde" genannt.

Eine sehenswerte Schmalspurstrecke in Serbien ist die **Scharganer Acht.** Sie weist einen Wendeschleifenabschnitt mit 300 Metern Höhendifferenz auf.

Die berühmteste Schmalspurlinie weltweit ist wohl die 1879 eröffnete 610 mm Darjeeling-Himalayan Railway in Nordost-Indien, auch **Tee-Express** genannt. Seit 1999 ist sie auf der UNESCO-Liste des Welterbes.

Beiname	Bahnlinie
Elende Beförderung Dummer Leute	EBDL Elektrische Bahn Dornbirn-Lustenau (EBDL)
Igler	Stubaitalbahn, Tirol, 1000 mm
Le Michelin	Eisenbahnlinie auf Korsika
Waldviertler Semmering	Gmünd-Groß Gerungs
Krumpen	Ober Grabendorf-Mank
Agnethaler Wusch	Schmalspurbahn Sibiu-Agnita
Susannebahn Zsuzsivasut	Kleinbahn in Debrecin (Ungarn)
Trenino Verde	Schmalspurbahnlinien auf Sardinien (gesamtes Netz)
Roter Blitz	Ferrocarril de Soller (Mallorca)
Scharganer Acht (Serbien)	Streckenabschnitt auf der Museumsbahn Mokra Gora
Tee-Express	New Jalpaiguri-Darjeeling auch ‚Toy train' genannt

5.6 Bahnstrecken in der Schweiz

Einst lief den Zürchern bei den in der Stadt Baden hergestellten knusprigen und nirgends sonst in der Schweiz
erhältlichen, äußerst schmackhaften „Spanischen Brötli"
das Wasser im Mund zusammen. Deshalb war es schon
Ende des 18. Jahrhunderts in Zürcher Herrschaftshäusern
üblich, bei hohem Besuch „Spanische Brötli" zum
Frühstück zu servieren. Für die Dienstboten bedeutete
das jedoch ein sehr frühes Aufstehen, da das Gebäck
frühmorgens um vier ofenfrisch in Baden in Empfang
genommen werden und dann zu Fuß nach Zürich
transportiert werden musste. Mit der Eröffnung der ersten
Schweizer Bahnstrecke Zürich-Baden am 9. August 1847
wurde das Transportproblem endlich gelöst, denn die
ofenwarmen Brötchen konnten dem ersten Frühzug
mitgegeben werden. Die Bahnstrecke bekam daher den
Spitznamen **Spanisch Brötli-Bahn**.

Auch die Abkürzungen von Schweizer Regionalbahnen
werden verballhornt, so zum Beispiel die SZU (Sihltal-
Zürich-Üetlibergbahn als Scheenste Zürcher Untergrund-
bahn, die RhB als `Rhätische Holperbahn´ und schließ-
lich auch die Schweizer Bundesbahn als `Sicher bis Büm-
pliz´ (ein Vorort von Bern). Rettungszüge für entgleiste
Fahrzeuge heißen in der Schweiz übrigens Hebamme und
die Oberleitung wird dort auch Wöschhänki (Wäsche-
leine) genannt, während es für sie in Deutschland keinen
Spitznamen gibt.

Bahn	Humorvolle Interpretation
EBT	Eventuell bis Thun
MThB	Mittellosi Thurgau Bahn
RhB	Räuber Hüsli Bahn, Rhätische Holperbahn
SZU	Scheenste Zürcher Untergrundbahn Schleunigst zum Untergang
SOB	Schtärbe oder Brämse Super Ohne Benzin

5.7 Bahnstrecken weltweit

Etliche Schienenstrecken sind nach ihrem Verlauf, nach Flüssen oder Himmelsrichtungen benannt worden. Hier sollen nur solche Strecken vorgestellt werden, die spezielle Beinamen haben.

Zu den ersten Fernstrecken gehört die Eisenbahn von London nach Bristol, die in flachem Gelände verlaufende Great Western Railway. Weil sie fast keine Steigungen aufweist wird sie auch als **Brunel's Billiard Table** bezeichnet. Isambard Brunel war einer der wichtigsten Pioniere des Tunnelbaues in der ersten Hälfte des 19. Jahrhunderts. Etliche Eisenbahnen mussten unter schwierigeren Bedingungen oder in schwierigerem Gelände gebaut werden, darunter das 1953 abgebrochene Projekt einer Bahnlinie die vom westsibirischen Salechard nach Igarka am Jenissei verlaufen solle. 85 000 Strafgefangene arbeiteten an dieser Linie, jeden Tag starben 10 Gefangene durch die Strapazen, weshalb die Bahnlinie auch **Knochenbahn** genannt wird. Heute gibt es Pläne die Bahnlinie, (700 der geplanten 1100 km wurde bis 1953 fertig gestellt) zu Ende zu bauen und zur Kupferstadt Norilsk zu verlängern, um die Rohstoffvorkommen Sibiriens zu erschließen. Weitere bekannte Fernbahnen Russlands sind die 9 300 km lange **Transsibirische Eisenbahn** (auch Transsib genannt) von Moskau nach Wladiwostok. Die Transsib wurde abschnittsweise eröffnet, die Teilstrecke Moskau-Irkutsk bereits im Jahr 1898. Der Baikalsee wurde damals per Fähre überquert und dann ging es mit der chinesischen Osteisenbahn über die Mandschurei weiter nach China. Der Baikalsee wurde 1904 umfahren und zwischen 1908 und 1916 wurde die nördlich der chinesischen Grenze nach Wladiwostok verlaufende Teilstrecke, die Amurlinie, gebaut. Aus militärstrategischen Gründen wurde weiter von der chinesischen Grenze entfernt im Jahre 1938 mit dem Bau einer weiteren Eisenbahnlinie begonnen, der **Baikal-Amur-Magistrale** (BAM). Der Bau dieser eher unwirtschaftlichen Linie war jedoch mit etlichen Schwierigkeiten (Trassierung durch bergiges Gelände, kaltes Klima) verbunden und die Linie wurde erst im Jahre 2001 eröffnet. Eine weitere international bekannte russische Fernbahnlinie ist die Oktobereisenbahn, die von St. Petersburg nach Murmansk verläuft. Im 2. Weltkrieg wurde von den von Japanern mit Hilfe von 200 000 asiatischen Zwangsarbeitern und 60 000 Kriegsgefangenen zwischen Rangun und Bangkok eine über 400 km lange Eisenbahnlinie gebaut (einschließlich der berühmten Brücke über den Fluss Kwai). 100 000 Zwangsarbeiter und 16 000 alliierte Kriegsgefangene kamen dabei ums Leben, deshalb der Beinamen **Eisenbahn des Todes**.

In den Beneluxstaaten gibt es zwei Eisenbahnlinien, die für den Güterverkehr mit Deutschland von Bedeutung sind. Der **Eiserne Rhein** verbindet Antwerpen mit Mönchengladbach, die kürzlich fertig gestellte **Betuwe-Linie** verbindet den noch größeren Hafen Rotterdam mit Oberhausen.

Grenzüberschreitende Strecken	
Beiname	Strecke
Eiserner Rhein	Mönchengladbach –Antwerpen
Betuwe-Linie	Güterstrecke Rotterdam-Oberhausen
Vogelfluglinie	Hamburg-Kopenhagen über Fehmarn
Außerfernbahn	Kempten-Reutte in Tirol-Garmisch-P. langsame, zeitweise stilllegungsgefährdete Strecke
Bäderbahn	Bad Steben-Hof-As-Cheb –Marianske Lazne

Die **Erzbahn** ist eine hauptsächlich von schweren Güterzügen befahrene Verbindung von den nordschwedischen Erzlagerstätten bei Kiruna zum norwegischen Exporthafen Narvik. Eine weitere bekannte Bahnstrecke ist die im Hinterland Nordschwedens verlaufende **Inlandsbahn,** die heute keine fahrplanmäßigen Personenzüge mehr hat und nur noch für den Touristenverkehr genutzt wird. In der Innenstadt Stockholms stellt eine oberirdische Bahnstrecke nach Süden betrieblich ein Nadelöhr dar, so dass sie bei Bahnern den Spitznamen **Wespentaille** hat.

Beiname	Strecke
Direttissima	Neu gebaute gestreckte Linien, z.B. Florenz-Rom, Mailand-Bologna
Dovrebanen	Oslo-Trondheim
Erzbahn	Kiruna-Narvik
Giselabahn	Wörgl-Schwarzach-St. Veit
Inlandsbahn	Binnenlandstrecke im nördlichen Schweden (Regelverkehr eingestellt)
Papstbahn	Krakau-Wadowice
Oktobereisenbahn	St. Petersburg-Murmansk
Wespentaille	Innerstädtische Bahnstrecke am Hauptbahnhof in Stockholm

Manchmal werden auch Abkürzungen von Bahngesellschaften verballhornt, so FS (Italien) zu Fuori Servizio (Außer Dienst) und die französische Bahn SNCF im Elsass und der Schweiz zu *Süüf net soo Fiil!* oder auch *Sur Neuf, Sinq Feignants* (pro neun, fünf Faule).

Von deutschen Ingenieuren wurde einst die *Bagdadbahn* von Istanbul nach Bagdad projektiert. Allerdings gibt es schon lange keinen durchgehenden Zugverkehr mehr. Die **Hedschasbahn** von Damaskus nach Medina, eine Schmalspurbahn, ist schon lange nicht mehr befahrbar und nur noch in Teilen vorhanden.

In den 1960er Jahren versuchten sich die Chinesen in Afrika am Eisenbahnbau. Sie errichteten die **Tansam** (Englisch Tanzam, auch Tazara, Tansania-Zambia Railway) Verbindung Tansania-Sambia, auch **Great Uhuru Railway** genannt, die Kupferlagerstätten im westlichen Sambia mit dem Hafen Daressalam verbindet. Als relativ neue Eisenbahnlinie ist **The Ghan** zu nennen, die Verbindung (bzw. die Bahn) von Alice Springs in Zentralaustralien mit dem Hafen Darwin in Nordaustralien. Allerdings wird die Bezeichnung Ghan mehr für die Züge als für die Strecke verwendet.

Bahnstrecken weltweit

Beiname	Strecke
Baikal-Amur-Magistrale (BAM)	Kansk-Sowjetskaja Gawari
Bagdadbahn	Istanbul-Bagdad
Hedschasbahn	Amman-Medina
Jungle Railway	Ostküstenbahn in Malaysia
Tansam (Engl.: Tanzam)	Daressalam-Lusaka
The Ghan	Alice Springs-Darwin
Transsibirische Eisenbahn (Transsib)	Moskau-Wladiwostok
Tibetbahn	Golmud-Lhasa
Türschwellenbahn	Eisenbahnlinie in Hanoi (Hinterhofdurchquerend)

5.8 Lokomotiven

Überraschenderweise haben fast alle Lokomotivbauarten von Bahnfans Beinamen bekommen. Dies liegt u.a. an der großen Zahl kenntnisreicher Bahnbeobachter und dem Modellbahnsektor.

Dampflokomotiven

Bei den Dampflokomotiven ist die Baureihe 98.0 (Sächsische Typenbezeichnung ITV) mit den meisten Beinamen belegt. Diese Lokomotive ist an die Gegebenheiten der als „**Sächsische Semmeringbahn**" bekannten Windbergbahn mit ihren engen Kurven und steilen Steigungen angepasst und wurde wegen des Gestänges von den Lokführern auch als Kreuzspinne oder Heuwender bezeichnet. Wie die Strecke hat auch die Lokomotive den Beinamen **Possendorfer Heddel** (nach der Frau Heddel in Possendorf so benannt).

Dampflokomotiven		
Baureihe	**Spitzname**	**Weitere Beinamen**
01 1102	**Stahlhelm**	
03	**Stampfwerk**	
24	**Steppenpferd**	
43	**Jumbo**	Bär
50 3636	**Feuriger Elias**	
58	**Staubsauger**	
60	**Mickymaus**	
93	**Bulle**	95: Bergkönigin
98.0	**Kreuzspinne**	Heuwender, Possendorfer Heddel
98.3	**Glaskasten**	
99 6001	**Ballerina**	Pfiffi

Elektroloks

Eine elektrische Lokomotive mit vielen Beinamen war die 1956 gebaute 141, in alter grüner Farbgebung auch als **Knallfrosch**, Laubfrosch und wegen der Geräuschentwicklung *Nick Knatterton* oder auch *Bandscheibenquitschie* genannt. Die vor allem im Intercity-Verkehr eingesetzte Baureihe 103 wurde wegen ihres Aussehens (abgerundete Frontpartie) auch **Osterei, Pritt-Stift,** *Cola-Dose, Tampon, Kraftei* oder *Kirsche* genannt. Von der 103er wurden ab 1970-71 etwa 150 Lokomotiven in Dienst gestellt. Die meisten wurden nach fast 30 Betriebsjahren Ende der 90er Jahre oder kurz nach 2000 ausgemustert. Fahrzeuge mit Werbe- und Sonderlackierung hatten teilweise spezifische Spitznamen, so die 103 101 (Lufthansa-Motiv: *Tieffliegr*) und die 103 220 (*Blümchenlok*). 5 Triebfahrzeuge sind heute noch betriebsfähig und im Einsatz. Als Nachfolgelokomotive für die 103er war die 120er vorgesehen, eine Lokomotive mit Drehstromantrieb, die von der Bahn wegen ihrer universellen Einsetzbarkeit (hohe Geschwindigkeit, hohe Zugkraft, deshalb geeignet für den Güter- und Personenverkehr) auch als **eierlegende Wollmilchsau** tituliert wurde. Nach 5 Vorserienlokomotiven Anfang der 80er Jahre wurden 1987/88 60 dieser Lokomotiven in Betrieb genommen und sind heute noch im Einsatz. Die neue Technik erwies sich jedoch Anfangs auch als störanfällig,. Schließlich setzte sich ab Ende der 90er Jahre die neue Baureihe 101 durch, von der die DB heute 145 Lokomotiven besitzt. Diese Baureihe hat wegen ihrer Akustik die Beinamen **Pfeifliese,** *Pfeiftopf, IC-Quietscher, Quietscheentchen, Heulsuse.* Andere Beinamen sind *Hochleistungswanne, Schönwetter-Sprinter, Coladose, Blechkiste, rasende Rechenzentrale, Reise-Touristik-Föhn.* Varianten mit spezieller Werbebemalung hießen auch schon mal *Rollende Tablettenschachtel, Kopfwehlok (Aspirin).*

Elektrolomomotiven		
Baureihe	**Spitzname**	**Weitere Beinamen**
101	**Pfeifliese, Heulsuse**	Hochleistungswanne
103	**Pritt-Stift**	Osterei, Cola-Dose
104	**Bergziege**	Knödellok
109/142	**Holzroller**	Wegen an Holzräder erinnernde Speichenradsätze
110.3	**Bügelfalte**	Mit roten Kasten: Rennbackstein
111/141 (S-Bahn)	**Tomatensuppen-111**	Kanarienvogel, Papagei
113	**Rheingold-Lok**	Schiffsschaukel
118	**Nähmaschine**	118 016: Totenkopf
120	**Blechbüchse**	Möbelwagen
127 001	**Euro-Sprinter**	
139, 140	**Schraubeneimer**	Kastenbrot
141	**Knallfrosch**	
142	**Holzroller**	Wegen der an Holzräder erinnernden Speichenradsätze
143	**Weiße Lady**	Trabi, Papagei (als S-Bahn), 143 001: Tanzmaus,
150	**Schraubeneimer**	
E52	**Heuwender**	
155 001 und 003	**Oma**	
155	**Kommissbrot**	Müsliriegel, Koffer, Energie-container, Stasicontainer
160/163	**Bügeleisen**	Plättmaschine, JoJo, Kaffeemühle, Halbschuh
180	**Sächsische Knödelpresse**	Maikäfer, Knödelpresse wg. der tschechischen Herkunft
E91	**Drei-Zimmer-Lok**	
194	**Deutsches Krokodil**	Eisenschwein

Dieselloks

Die 120er Elektroloks waren Anfangs so störanfällig, dass sogar von der Reichsbahn übernommene robuste Dieselloks der Baureihe 220, **Taigatrommeln** genannt, Betriebsleistungen übernehmen mussten. Die Taigatrommeln hießen so, weil sie aus der Sowjetunion kamen und beim Fahren trommelartigen Lärm machten. Hersteller war Europas größte Lokomotivfabrik Luhansk in der Ukraine. Die Fahrzeuge wurden von Eisenbahnern wegen ihrer Robustheit geschätzt und sind noch heute bei Privatbahnen im Einsatz

Noch häufig bei der DB zu finden sind die russischen Diesellokomotiven der Baureihe 232. Von der ganzen Baureihenfamilie 230 wurden im Zeitraum 1970-1982 von der Sowjetunion 873 Stück an die DDR geliefert. Heute sind noch mehrere hundert 232 bei der DB im Einsatz. Der häufigste Spitzname für diese Lokomotive ist **Ludmilla**, andere Beinamen sind *Chrustschow´s Rache, Steppenwolf, Kremlwarze.* Aus Rumänien kamen ab 1976 die Reichsbahnlokomotiven der Baureihe 219 (DR Baureihe 129), die heute weitgehend ausgemusterten Diesellokomotiven hatten den Beinamen **U-Boot**, oder auch *Ceaucescu´s letzte Rache* bzw. *Karpatenschreck.* Ein weiteres Fahrzeug der Deutschen Reichsbahn war die dieselhydraulische Rangierlokomotive der Baureihe 346, die wegen ihrer goldgelben Lackierung auch **Goldbroiler**, *Kanarienvogel, Senfbecher* oder auch *Briefkasten* genannt wurde. Eine ex-DR Elektrolok mit vielen Beinamen ist die Baureihe 155 (DR-Baureihe 250), die wegen ihrer kantigen Form **Kommißbrot**, *Energiecontainer, Müsliriegel* oder *Koffer* genannt wird.

Die Frontseite der Baureihe hatte Einsenbahnkenner zu Beinamen wie Hundelunge oder für spezielle Varianten wegen üppig wirkenden Frontbereichs der Lok Gina Lollobridgida (nach der ital. Schauspielerin) inspiriert.

Diesellokomotiven		
Baureihe	**Spitzname**	**Weitere Beinamen**
202 (DB-Versuchslok)	**Weißer Riese (002)**	Roter Ochse (003), Blauer Bock (004)
201-204	**Marmeladeneimer**	Würstchenkessel, Kamel, 203: Pony, 204: Fischkutter
210	**Gasturbine**	Schienenhubschrauber
211-213	**Traktor**	212, 213: viel Rauch um nichts, Petroleum P-8
216.0	**Lollo**	215: Ölkocher
216	**Hundelunge**	216 0xx: Lollo (nach Gina Lollobridgida, wg. üppiger Front)
218	**Dieselschlorz**	Rabbit, Hörndllok, als City-Bahn: Indianer
219	**U-Boot**	Ceaucescu´s Rache, Rumänendiesel
220 (120 DR)	**Taigatrommel**	Wumme
229	**Edel-U-Boot**	Tuning-U-Boot, Atom-U-Boot, Joghurtbecher-Look
230-234 (130-132 DR)	**Ludmilla**	232: Chrustschow´s Rache, Russenkuh, Kremlwanze,Taigatrommel
240	**Weißer Riese**	Schimmelreiter
250 001	**Blue Tiger**	259 001: Highlander
260/261	**Kartoffelstampfer**	Dreirädchen, Stangenteufel, Hustelinchen, Dreibein
290-295, 298	**ATARI-Lok**	Funklok, 290: Bergkönigin, Bergzicge
311/312	**Brühwürfel**	Briefkasten, 312.1: Gartenlaube, Tortenheber
344-347	**Goldbroiler**	344: Schaumgebremste, 346: Kanarienvogel, Senfbecher
360-365	**Dreibein**	Feuerrotes Spielmobil, Türkische Mittelachse

5.9 Triebwagen

Bei den Triebwagen haben die Hochgeschwindigkeits-Triebfahrzeuge der ICE-Familie die meisten Beinamen. Die weiß lackierten ICE-Züge werden von Bahnfans auch *Weißwurst mit Ketchup-streifen, Tampon oder längste Damenbinde der Welt, **Weißer Hai**, Mehlwurm, Renn-rettich, Albino-Rohrpost, **Weißer Riese**, Stangenweiß*brot usw. genannt. Innerhalb der ICE-Familie gibt es zusätzliche Unterscheidungen. Die seit 1991 im Regelbetrieb eingesetzte erste Fahrzeuggeneration (nach dem Intercity Experimental der 80er Jahre) ICE 1 (Baureihe 401) wird auch *Schwangerer Bleistift* oder *Zollstock* genannt. Der seit 1997 fahrende ICE 2 (Baureihe 402) gilt Bahnfans auch als *Scheunentor* oder *Schweineschnäuzchen*. Seit 2002 gibt es die dritte Fahrzeuggeneration, ICE 3 (neue Baureihe 403), die auch als *Spitzmaus* bezeichnet wird (die ehemalige Baureihe 403 des Lufthansa Airport Express wurde übrigens wegen ihrer schnabelartigen Frontpartie und der gelb-weißen Farbgebung auch **Donald Duck** genannt). Ebenfalls zur ICE Familie gehören der ICE T, ein Neigezug (Baureihe 411, 415) und der ICE TD (Baureihe 605), ein Dieselneigezug. Die Baureihe 411/415 hat auch die Beinamen *Wackelzug, Schüttelbecher, Schaukelpferdchen*, die Baureihe 605 **Heuschrecke** (wegen des Neigegestänges). Anfangs gab es mit beiden Varianten technische Probleme. Beim ICE TD waren sie so groß und die Rentabilität des ursprünglich auf der Franken-Sachsen Magistrale eingesetzten Zuges so gering, dass die Fahrzeuge ab 2003 aus dem Betrieb genommen wurden (durch lokbespannte Züge ersetzt). Seither harren sie auf neue Einsätze und kamen u.a. als Zusatzfahrzeuge bei der Fußball-WM zum Einsatz.

Ebenfalls mit Neigetechnik ausgestattet sind die Dieseltriebwagen der Baureihe 610, die in Nordbayern zum Einsatz kommen. 20 dieser Fahrzeuge mit FIAT-Neigetechnik, **Pendolino** genannt (weniger gebrauchte Spitznamen: *Motorrad, 628 Gti*), wurden im Zeitraum 1992-93 an die Bahn geliefert und haben sich seither bewährt. Im Zeitraum 1996-97 beschaffte die Bahn dann 50 Fahrzeuge mit einer für Panzer entwickelten deutschen Neigetechnik. Beim Betrieb dieser Baureihe 611 kam es jedoch zu zahlreichen Pannen, weshalb dieser Triebwagen auch den Beinamen **Pannolino** bekam. Wegen Problemen mit der Technik kommen diese Fahrzeuge heute nicht mehr mit aktiver Neigetechnik zum Einsatz. Eine seit dem Jahr 2000 in Dienst gestellte Weiterentwicklung der Baureihe 611 ist die Baureihe 612, von der Bahn auch als **Regio-Swinger** bezeichnet. Von dieser zuverlässig funktionierenden Serie hat die Bahn bisher 192 Fahrzeuge angeschafft, sie stellen heute das Rückgrat des hochwertigen Nahverkehrs dar und werden heute auch auf der Fernstrecke Nürnberg-Görlitz (als Ersatz für den Pannenzug ICE TD eingesetzt). Spitznamen für diese Fahrzeug sind u.a. Wackeldackel und Swinger-Club. Immer noch im Nahverkehr häufig anzutreffen sind die ab 1981 ausgelieferten Triebwagen der Baureihe 628, die sich, abgesehen von Kühlproblemen, als zuverlässig erwiesen haben. Allein von der Serie 628.4 sind bei der DB noch über 300 im Einsatz. Wegen ihrer schwachen Motorisierung haben sie auch den Beinamen *Regioschleicher*, *Bonsai-IC*, *lahme Ente* oder *Schienenmoped*. Weil sie weit verbreitet sind, werden sie von Bahnfreaks auch als *Landplage* oder *die Seuche* bezeichnet. Da sie in der Regel ohne Schaffner betrieben werden, gibt es auch den Spitznamen *Personalkiller*. Die Baureihe 628 ersetzte einst den über 1400 mal gebauten Uerdinger Schienenbus, der die DB Baureihenbezeichnung 798 hat. Dieses Fahrzeug war vor allem auf Nebenstrecken unterwegs und wurde deshalb auch als *Nebenbahnretter* angesehen. Andere Spitznamen des bei Fahrgästen beliebten Zuges waren *Roter Brummer, Knatterbahn, feuerrotes Spielmobil, Insektenmörder* und vor allem **Ferkeltaxi**. Bis zum Jahr 2000 waren diese Fahrzeuge noch im Raum Tübingen unterwegs. Ein ähnlicher Triebwagen der Deutschen Reichsbahn war der Verbrennungstriebwagen DR 171/172, der die DB-Baureihennummer 771/772 hat. Er wurde ebenfalls **Ferkeltaxi** genannt und hat weitere Spitznamen wie *Blutblase, Keksbüchse, Massagebahn*; in roter Lackierung auch *Sandmännchenzug*, in grüner *Pfefferminzbonbon.*

Beinamenreich ist auch der Dieseltriebwagen 670. Er wird **Menschen-Schredder**, *Kartenhaus*, *Serviettenzug*, *Raumschiff Enterprise* und, wegen fehlender Toilette, *Pamperszug* genannt.

☞ In Schweden hat der X2 (X2000) ähnlich viele Beinamen wie der deutsche ICE. Weil er auf den weniger gut ausgebauten schwedischen Strecken deutlich langsamer ist als andere Hochgeschwindigkeitszüge der Welt wurde er von der schwedischen Presse auch **Schnecke (Snigeln)** bzw. Superschnecke genannt. Ein anderer Beiname ist Pinguin, oder, wegen seiner Klientel, **Snobexpress**.

Der von Fiat produzierte Regional Triebwagen Y1 wird dagegen Spaghetti-Racer oder Spaghetti(schub)lade genannt. Ein anderer Beiname ist **Pizza-Express** bzw. Pizza-Racer. Ein Y1-Zug von Filipstad, welcher in Kristinehamn Anschluss an X2000-Verkehr bietet, wird scherzhaft auch Y2000 genannt.

Elektrotriebwagen		
Baureihe	Spitzname	Weitere Beinamen/Kommentar
187 001	Fischstäbchen	
403/404	Donald Duck	Zug im Lufthansalook (auch Lufthansa-Express)
411/415/605	Wackel-ICE	Auch Wackel-Dackel
420	Olympiazug	Auch Lila-Pause (Münchner Flughafen-S-Bahn)
423	Heuler	S-Bahn-Zug, wegen der Geräusche beim Bremsen
424-425	Quietschi	
426	Bonsai-Quietschi	
430, 456	Eierkopf	
442	Hamsterbacke	Bombardier Talent 2 In Leipzig in Hamsterfarbe
445	Meridian	
455	Rüttelpritsche	
474	Tamagotchi	
475	Sanella-Züge	BVG Züge, wegen der hellen Farbgebung, Stadtbahner
476	Nieten-Reko	Stadtbahnwagen mit Nietenreihen
480	Toaster, Bierfass	Straßenbahn
481/482	Taucherbrille	Auch Saunabahn
491	Gläserner Zug	Auch fahrbares Rentner-Terrarium
515	Nebenstrecken-IC	Auch Säurebomber, Säurewanne, Taschenlampe, Steckdosen IC, Heulboje (Akkutriebwagen)
517	Limburger Zigarre	500er – Akkutriebwagen
ETA 177/178	Heulbojen	
285 001	Rote Dessauer	

Dieseltriebwagen		
Baureihe	Spitzname	Weitere Spitznamen
610	Pendolino	
611	Pannolino	Schwabenschaukel. Nachfolger des 610, von vielen Pannen begleitet
612 506	Stuttgarter Rössle	
612	Regio-Swinger	
618/619	LIREX	
624/634	Quadratschädel	
627	Fischstäbchen	Wellblechgarage
628	Blechspielzeug	Gelenknuss, Holzbrett-ICE, Wellblechgarage, Mumien-Roller, Schwaben-ICE
640/648	LINT	
641	Walfisch	
642	Desiro	
643/644	Talent	
650	RegioShuttle	
670	Menschen-Schredder	Kartenhaus, Serviettenzug, Raumschiff Enterprise, Pamperszug
675	Bonzenschleuder	
690/691	Cargosprinter	
692	Kartoffelkäfer	
701/702	Briefkasten	
712 001	Tunneligel	
795-798	Ferkeltaxi Nebenbahnretter	Knatterbahn, Insektenmörder, Currywurst, Schwitzkasten
771/722	Ferkeltaxi	Pfefferminzbonbon (grün/weiß), Eule, Sandmann, Schwitzkasten
VT 137 600	Lindwurm	

5.10 Bahnwagen

Außerhalb der geläufigen DB Baureihennummern gibt es auf deutschen Schienen immer mehr Fahrzeugtypen verschiedener anderer Bahnunternehmen. Zudem haben einzelne Wagen oder spezielle Züge in manchen Fällen Beinamen. So gibt es einen Halbspeisewagen, der Kakadu genannt wird. Die früher häufigen Nahverkehrswagen (7000 wurden zwischen 1963 und 1976 produziert) mit Wagenkasten aus poliertem Edelstahl (Pfauenaugenmuster) wurden auch als **Silberling** bezeichnet. Die bahneigene Bezeichnung war jedoch prosaischer: *Brnzb* (Güterwagen haben dagegen bahnintern Bezeichnungen wie Hbbillns, Hirrs und Hbbins). Nach und nach wurden sie jedoch in den entsprechenden DB-Farben lackiert, zuerst in Nahverkehrsgrün (Spitzname Grünlinge, *Mintlinge*), dann in DB-rot (Rotlinge). Züge mit Wagen verschiedener Lackierungsvarianten werden auch als *Buntlinge* bezeichnet, Silberlinge in schlechtem Zustand auch als *Schrottlinge*.

Haben Züge an beiden Enden eine Lokomotive werden sie auch als Sandwichzüge bezeichnet (dies ist oft der Fall, wenn Züge Kopfbahnhöfe anfahren und dadurch ein Lokwechsel vermieden werden kann). Formsignale, auch von Bahnkennern *Hampelmann* genannt, werden bei der Bahn immer mehr durch Lichtsignale ersetzt. Das moderne rote DB-Logo, hat das ähnliche schwarze Bundesbahnlogo 1994 abgelöst, doch das Logo wird immer noch als **DB-Keks** bezeichnet. Das alte RENFE-Logo wurde ähnlich als **Biskuit** gesehen, das alte SNCF-Logo als ‚*Schwarzes Carrée*‘. Das Logo der SNCB/NMBS wird dagegen schlicht *B-Logo* genannt. Das Logo, welches die Canadian-Pacific 1971-1994 einsetzte wurde wegen seiner Anmutung auch ‚Pac-Man‘ genannt (mehr zu Bahnlogos im Kapitel 10.5).

5.11 Privatbahnfahrzeuge

Spitznamen für Fahrzeuge privater Bahnen in Deutschland sind noch selten. So werden die Wagen der Baureihe 122-125 der Albtalbahn (Niederflurmittelteil) in Karlsruhe als **Salatschüssel** oder **Badewanne** bezeichnet, die Triebwagen der bayerischen Oberlandbahn (BOB), die offiziell Integral heißen, als **Kaulquappe**. Die grünen Regio-Sprinter der Vogtlandbahn werden auch **grünes Wunder** oder **Polizeiauto** genannt.

Überfüllte Itino-Wagen der Odenwaldbahn werden mittlerweile als **Sardino** kritisiert.

Wismarer Schienenbusse wurden wegen ihrer schnauzförmigen Frontpartie auch als **Schweineschnäuzchen** oder **Ameisenbär** bezeichnet. Das Schienenbus-Einzelstück T 141 war bis 1969 bei der Lüchow-Schmarsauer Eisenbahn im Einsatz und wurde auch „**rasender Lemgoer**" genannt. Die Lokomotive 199.8 der Harzer Schmalspurbahnen (HSB) ist auch als **Harzkamel** oder Rotes Kamel bekannt. Werksloks haben teilweise auch spezielle Spitznamen, so zum Beispiel die BASF Werklok 1002, die Heinerle genannt wird, oder die 1003 (´Grüne Minna´).

In der Schweiz hat der Gelenktriebwagen der Rhätischen Bahn (RhB) GE 4/4 III gleich mehrere Spitznamen: Faltschachtel oder auch **Spitzmaus** (Spitzmuus). Für Züge der Bern- Lötschberg-Simplon- Bahn (BLS) gibt es die Spitznamen **Chrotteschnüre** (Krötenschnauze, Be 2/4), Wellensittich (Be 4/4, bei hellgelber Farbgebung), **Halbesel** (Cfe 2/6) und **Stier** (Ae 8/8).

5.12 Besondere Züge

Originelle Beinamen gab es zu DDR-Zeiten nicht nur für Bahnstrecken, sondern auch für bestimmte Züge. So wurden die Züge in die Bundesrepublik, solange nur Rentner mitfahren durften, auch **Mumienexpress** genannt (wie ebenfalls der in Oberbayern einst verkehrende *Gläserne Zug*). Züge ohne Halt in der DDR hießen auch **Zitteraal.** Der bunte *Kinderlandzug* der Bayerischen Oberlandbahn wird dagegen **Windelbomber** genannt.

Auf der Relation München-Freiburg gab es einst eine Ferneilzugverbindung über Oberschwaben und den Südschwarzwald, die nach dem Saulgauer Hotelier Andreas Kleber auch `Kleber-Express´ genannt wurde. Nachdem Kleber sein Hotel in Saulgau (unweit des Bahnhofs, an welchem der Kleber-Express immer hielt) im Jahre 2000 schloss, wurde im Dezember 2003 auch der Kleber-Express, der auch **Hecken-Eilzug** genannt wurde, eingestellt. Weitere Hecken-Eilzüge waren der **Grenzlandexpress** Bad Bentheim-Düsseldorf und der *Kiepenkerlexpress* Münster-Bad Wildungen. Der Maas-Wupper-Express (RE 13) von Venlo (NL) nach Hamm gilt unter Eisenbahnern als Junkie, Dope- oder **Drogen-Express**. Was in Deutschland ein Gänseblümchenpflücker/ **Milchkannenexpress** ist, ist für Schweden ein Mjölktag (Milchzug), der an jedem ‚Melkschemel‘ (kleine Station) hält.

Zu Mehdorns Zeiten (1999-2009) wurden verspätungsanfällige Züge von manchen Passagieren auch ‚*Mehdorn's letzte Rach*e‘ genannt, so der oft verspätet in der Landeshauptstadt ankommende IC 2213 Binz-Stuttgart und der ebenfalls spät nach Stuttgart fahrende IC 2215.

Nahverkehrszüge im ländlichen Raum wurden in Westdeutschland früher auch **Gänseblümchenpflücker** genannt. Entlang der Außerfernbahn von Ehrwald bis Vils in Tirol fährt seit 1988 im Winter der **Schneeexpress**. In der Schweiz wird der Glacier-Express auch als der **langsamste Schnellzug der Welt** bezeichnet. In Frankreich und der Schweiz (französischsprachig) werden Nahverkehrszüge auch **Patachon** (Bummler) genannt. In der Schweiz wurde der heute nicht mehr fahrende Schnellzug Zürich-Belgrad Déodorant-Express, Rollende Seuche (Rollende Süüche) oder Stinkbombe. Die Wallfahrtszüge nach Einsiedeln haben in der Schweiz auch den Spitznamen Scheinheiligen-Express, der SOB-Zubringerzug Biberbrugg-Einsiedeln wird auch Kloster-Tram (Chloschter-Tram) genannt.

Beiname	Beispiele für Relationen	Kommentar
Mumienexpress	Züge zu DDR-Zeiten ins Bundesgebiet. Auch für den Gläsernen Zug	Züge mit hohem Altersdurchschnitt der Fahrgäste.
Heckenexpress	München-Freiburg; Bremen-Brilon Wald; Bad Bentheim-Düsseldorf; Münster-Bad Wildungen	Lang laufende Eilzüge, die Ballungsräume mit dem ländlichen Raum verbinden (Begriff von der DB nicht benutzt, keine offizielle Zugkategorie). Heute durch die Kategorie Regionalexpress ersetzt.
Gänseblümchen-pflücker	Mittelschwabenbahn Mindelheim-Günzburg	Langsamer Nahverkehrszug im ländlichen Raum.
Milchkannenexpress	Olpe-Finnentrop	In Schweden heißen solche Züge Milchzüge (mjölktag), entsprechende Halte Melkschemel
Bummelzug Bimmelbahn	Isny-Kempten (stillgelegt)	Langsamer Zug
Lumpensammler		Letzte Straßenbahn oder letzter Bus/Zug

5.13 Eisenbahnfahrzeuge europäischer Bahnen

Früher gab es in allen großen Eisenbahnländern eigene Fahrzeughersteller. Entsprechend vielfältig waren die Fahrzeugtypen und diese hatten in vielen Fällen auch nationale Spitznamen. Mit der Konzentration auf wenige Hersteller weltweit (vor allem Bombardier, Alstom, Siemens) dürfte die Fahrzeugvielfalt langfristig jedoch abnehmen.

Besonders viele Beinamen sind aus Österreich und der Schweiz bekannt. In Österreich galt die Dieseltriebwagenbaureihe 5047 als Nebenbahnretter aber auch als **Blechkiste**. Die Triebwagenreihe 5045 mit ihrer bulligeren hohen Front wurde als *Gehirntumor*, **Dickkopf**, *Pestbeule* oder *Blitz* verspottet. Die Elektrolokomotive 1044 hieß bei Bahnfans wiederum wegen der Geräuschentwicklung **Heulboje**; eine mit Euro-Werbung lackierte Lok wurde **Euro-Lok**, *Blaue Mauritius*, *Regierungslok* und **Blaue Sau** genannt. Die Elektrolokbaureihe 1062 schließlich hieß nur **Antn** (Ente), während die wie ein Reptil aussehende 1189 **Krokodil** genannt wurde.

Baureihe	Beiname	Weitere Spitznamen
ÖBB 1012	**Pandämonium**	
ÖBB 1014	**Fliege**	Bär
ÖBB 1016	**Roter Ochs** (Taurus)	Oder Red Bull (Getränk)
ÖBB 1041	**Goassbock**	
ÖBB 1044	**Renn-Staubsauger**	Schnellfahrprototyp
ÖBB 1062	**Antn**	Ente
ÖBB 1073	**Kamel**	Ehemalig 1029
ÖBB 1163	**Raumschiff Enterprise**	
ÖBB 1189	**Österr. Krokodil**	
ÖBB 1822	**Brennerlok**	
ÖBB 2092	**Oachkatzl, Antnjauker**	ÖBB 2068: Flüsterdiesel
ÖBB 4090	**Alpen-TGV**	
ÖBB 5045/5145	**Gehirntumor**	5145 auch "Blauer Blitz"

In der Schweiz hatte die SBB-Elektrolok RE 4/4 die meisten Beinamen, unter anderem **Badewanne,** *Cremeschnitte, Rucki-Zucki, Schwitz-Express* (wegen mangelhafter Klimaanlage) oder Container. Einen interessanten Beinamen hatte auch die im Gotthardverkehr eingesetzte Lok Ae 6/6: **Schienenmörder.** Die Ce 6/8 II-III galt schließlich als (Schweizer) **Krokodil,** während die RBDe 12/12 wegen ihrer Farbgebung **Kolibri** oder *Nüt passt zäme* (nichts paßt zusammen) genannt wurde. Wegen Problemen mit der Klimanalage wurden Swiss-Express-Züge der SBB auch als **Schwitz-Express** verballhornt. Der Cisalpino-Zug Mailand-Stuttgart wurde wegen Anfangsproblemen in der Schweiz auch **Schiis-Alpino** (Scheiss-Alpino) genannt. Ein anderer Spitzname für diesen Zug ist *Nella-Martinetti-Express,* nach einer Tessiner Sängerin oder auch *Bricolino* (Bastelino).

SBB-Schienenfahrzeuge		
Baureihe	**Beiname**	**Erklärung, weitere**
SBB Be 4/6	**Rehbock**	Braune Lackierung
SBB Am 6/6 18523	**Limmattaler Mülleimer**	Im Rangierbahnhof Limmattal beheimatet
SBB Abe 130-001	**Spatz**	Schmalspur Panoramazug
SBB Ae 3/6II	**Salami-Schniider**	Auch Örliker Heuwänder
SBB Ae 6/6	**Schienenmörder Moustachue (Schnauzträger)**	Erste 25 Maschinen mit Kantonswappen = Kantonslok
SBB C 5/6	**Elefant**	SBB Ea 3/3: Bügeleisen
SBB 6/8 II-III	**Schweizer Krokodil**	
SBB G 4/4	**Faltschachtel**	Wühlmaus
SBB RAB E 4/16	**Graue Maus**	
SBB NPZ RBD 560	**Kolibri**	NPZ= Neuer Pendelzug
SBB Re 460	**Ghoggi-Büchs (Coladose)**	Lok 2000 der SBB

Beinamen von französischen Fahrzeugen sind u.a., **Windhund** für den Dieseltriebwagen 2740, **Picasso** für den X3800 und FRETtchen (von Fret, Fracht) für die Güter-Diesellokomotive 461000 **sowie Kartoffelkäfer** für die elektrische Lokomotive 5400. Nebenbahnfahrzeuge hießen in den 50er Jahren auch **Michelins**. Die in Skandinavien und den Benelux-Ländern eingesetzten Nohab-Lokomotiven wurden auch Kartoffelkäfer (französisch: Doryphore) genannt. Als Denkmal abgestellte Lokomotiven heißen in Frankreich auch pot de fleurs (Blumentöpfe). Der TGV wird in der französischen Schweiz auch le pointu, der Spitzige genannt. Schlecht gefederte TGV-Fahrzeuge heißen in Frankreich auch Train à Grosses Vibrations´ (Zug mit starken Vibrationen). Dampflokomotiven, die gut funktionieren, werden in Frankreich Perle genannt, solche, die nicht richtig funktionieren, Tanne (sapin). Die Thalyszüge Paris-Brüssel-Köln heißen in Frankreich wegen ihrer roten Farbe auch **Regenwurm** (lombric) oder Tadvis (Tas de Vis, Schraubenhaufen).

Baureihe	Beiname	Weitere Spitznamen
SNCF CC 1100	**Tausendfüßler**	Französisch: mille-pattes
SNCF X 2720	**Grüne Eidechse**	Frz. Lézard vert
SNCF 2740	**Windhund**	Nebenbahnzüge auch: michelins
SNCF X 2100	**Schuhschachtel**	Französisch: Boîte à chaussures
SNCF X3800	**Picasso**	Erinnert an Gemälde von Picasso
SNCF BB 8500	**Danseuses (Tänzerinnen)**	BB 66400: Mouettes
SNCF X 73500	**Walfisch**	Auch Zäpfchen (Suppositoire)
SNCF Lok CC 6500	**Nez cassé (Gebrochene Nase)**	ebenfalls Loks BB 7200, BB 15000, CC 21000, BB 22200, CC 72000

In den Niederlanden werden die dort verkehrenden Intercity-Triebwagen wegen der Frontpartie auch als **Hundekopf** bezeichnet. In Belgien gibt es Lokomotiven, die **Windhund** (Elektrolok 2740) oder *Kartoffelkäfer* (Diesellok 5400) heißen. Die in Dänemark fahrenden IC3 haben wegen ihrer abgeschnittenen Form auch den Spitznamen **Weißbrot** oder **Gumminase**.

Baureihe	Beiname	Spitzname, Erklärung
FS E 632	**Tiger**	
FS Ale 840	**Zigarre**	Wegen Form u. brauner Farbgebung
FS Aln DAP	**Mafia-Express**	
FS E 444	**Schildkröte (Tartaruga)**	E 626= Reptil, E 652= Tiger, E 656= Kaiman
HZ 6011	**Gomulka**	HZ= Kroatische Eisenbahn
NS IC-Triebwagen	**Hundeschnauze, Hundkopf**	NS 1600: Dikkop (Dickkopf)
NS DE-2	**Käsehobel**	
NS ICE 3	**Fliegender Holländer**	NS 2200: Kleerkast (Kleiderschrank)
PKP St 44	**Gagarina**	Russische Diesellokomotive
RENFE Typ 269	**Japanerin**	Typ 251: große Japanerin (Made in Japan)
SNCB 2740	**Windhund**	
SNCB 5400	**Kartoffelkäfer**	Triebwagen Serie 300: Break

Von der Tschechischen Eisenbahn sind folgende Spitznamen bekannt: Bobina für die Elok 140, *Manitschka* für die Elektrolok 372, *Raumschiff* oder *Zigarre* für den Elektrotriebwagen 451, **Taucherbrille**, wegen ihrer Stirnfensterpartie für die Diesellok 750, **Sergej** für die Diesellok 781, *Brotbüchse* für den Dieseltriebwagen 810 und *Nähmaschine* für den Dieseltriebwagen 830.

Baureihe	Beiname	Weitere Spitznamen
CD 140	**Bobina**	
CD 372	**Manitschka**	
CD 451	**Raumschiff**	Zigarre
CD 750	**Taucherbrille**	
CD 781	**Sergej**	
CD 810	**Brotbüchse**	
CD 830	**Nähmaschine**	

Bei den privatisierten britischen Eisenbahnen gibt es verschiedene Lokomotivklassen, die ebenfalls Beinamen haben, so **Teddy bear** für die Class 14- Lokomotive, Rat (Class 25), **Teacups** (Class 26), Whistler (Pfeiffer, Class 40) und **Hoover** (Staubsauger, wegen der Motorengeräusche, für die Class 50).

Baureihe	Beiname	Weitere, Kommentar
BR Class 14	**Teddy Bear**	
BR Class 25	**Rat**	
BR Class 26	**Teacups**	
BR Class 31	**Goyle**	
BR Class 33	**Crompton**	
BR Class 40	**Whistler**	
BR Class 50	**Hoover**	BR Serie 55: Deltic
BR Class 55	**U-boat**	
BR Class 56	**Grid (Netz)**	
BR Class 58	**Bone**	Enden breiter als Mitte
BR Class 86	**Can**	
BR Class 92	**Caravan**	Dyson (Staubsauger)
BR Class 153	**Dogbox, Skateboard**	Wegen der kleinen Größe
BR Class 212	**Bubble car**	
BR Class 442	**Pig, Plastic pig**	Wegen des Aussehens

5.14 Eisenbahngüterzüge

Zugart, Wagentyp	Spitzname
Roheisenzüge	Suppenzüge
Erzzüge	Erzengel, Erzbomber
Zementwagen (Schweden)	Cementa Fox
Güterwagen mit runden Formen (Schweden)	Anita Ekberg

Roheisenzüge mit Torpedopfannenwagen, zum Beispiel zwischen Dillingen und Völklingen unterwegs, werden auch **Suppenzüge**, ihr Fahrplan Suppenplan genannt. Das für die Produktion von Eisen nötige Erz wird in Erzzügen transportiert, die auch **Erzengel** oder Erzbomber heißen.

In Schweden werden Zementgüterwagen mit zwei großen runden Behältern nach dem üppigen britischen Seite-3-Modell **Cementa Fox** genannt. Ein anderer Güterwagen mit runden Behältnissen heißt dort **Anita Ekbchen** (dieses schwedische Sex-Symbol wurde u.a. durch eine Bade-szene im römischen Trevi-Brunnen berühmt). Im skandi-navischen Land der Gleichberechtigung gibt es noch weitere sexistische Bezeichnungen von Güterwagen mit runden Formen, wie Mars kvinna (**Marsweibchen**). Aber auch Mette-Marit, die Ehefrau des norwegischen Kron-prinzen Haakon, wird nicht vergessen. Ein Messwagen der schwedischen Bahn heißt wortspielerisch **Mäte-Marit** (Mess-Marit).

Kommen Eisenbahnwagen an einen Rangierbahnhof, rollen sie bald einen **Eselsrücken** herunter (Ablaufberg). Der größte Rangierbahnhof der Welt ist der *Bailey Yard* in North Platte (Nebraska), weil sich in den rangierten Containerzügen das Wirtschaftsleben des Landes spiegelt auch ‚**wirtschaftliches Barometer Amerikas**‘ genannt.

6. Binnenschifffahrt

6.1 Binnenwasserstrassen

Kanäle haben relativ selten einen Beinamen. Der 1917 eröffnete, 37 km lange und mit 7 Schleusen versehene Rhein-Herne-Kanal im Ruhrgebiet hat jedoch gleich mehrere. Er wird als „**B 1 der Wasserstraßen**" (die B 1 ist eine viel befahrene Ost-West-Bundesstraße), als **Ruhrkohlenkanal** und als **Schlagader des Ruhrgebiets** bezeichnet. Die Ufer der Ruhrgebietskanäle und der sonstigen Gewässer im Ruhrgebiet wurden früher auch **Kumpelriviera** genannt. Manchmal wird der Begriff auch nur für den Uferbereich einzelner Kanäle verwendet, so zum Beispiel für den Datteln-Hamm-Kanal. Die Saar wird mit dem Rhein-Marne-Kanal durch den **Kohlekanal** verbunden.

Der fast eine Milliarde Euro teure Elbe-Seitenkanal war seit 1969 im Bau und wurde am 15. Juni 1976 eröffnet. Doch bereits wenige Wochen später brach in der Gemeinde Adendorf bei Lüneburg an einer Unterführung der Damm und überschwemmte ein Gebiet von zehn Quadratkilometern. Das handelte dem Kanal damals den Spitznamen **Elbe-Pleitenkanal** ein. Heute hat er den Beinamen ˋ**Heide-Suez**´, denn er führt durch die Lüneburger Heide, die früher auch als ˋNorddeutsche Sahara´ bezeichnet wurde.

Der Mittellandkanal kreuzt die meist Süd-Nord fließenden Flüsse Norddeutschlands an mehreren Stellen und bildet in Minden und Magdeburg mit Weser und Elbe Wasserstraßenkreuze. Das Magdeburger Wasserstraßenkreuz wird auch **Blaues Kreuz** genannt. Hannover liegt ebenfalls am Mittellandkanal (und an der Leine). Der am Innenstadtrand gelegene künstliche Maschsee wird auch das *Blaue Auge Hannovers* genannt.

Die 600 km lange Verbindung vom Kattegat zur Ostsee, die den Götafluß, den 190 km langen Götakanal und zwei weitere Kanäle, 8 Seen und 66 Schleusen einschließt und heute nur noch für die Freizeitschifffahrt von Bedeutung ist, ist auch unter dem Beinamen das **blaue Band Schwedens** bekannt. Weil die Arbeitsteilung auf Freizeitbooten nicht allen Paaren gut tut wird der Götakanal auch **Scheidungskanal** genannt.

In Norwegen wurde der 105 km lange Telemarkkanal, der mit 18 Schleusen 72 Höhenmeter überwindet und von 500 Arbeiter ohne Maschinen im Jahr 1892 fertig gestellt wurde, zu seiner Zeit als **achtes Weltwunder** bezeichnet.

Der **Bata-Kanal** im Osten der Tschechischen Republik (Mähren) war einst für den Bata-Schuhkonzern von Bedeutung, ist heute aber nur noch eine touristische Wasserstraße.

Unter Stalin wurde von 1931-1933 von 100 000 Gefangenen der Belomor-Kanal zwischen der Ostsee und dem Weißen Meer gegraben. Und wer hat ihn gegraben? Auf der rechten Seite die, die über den Kommunismus Witze gemacht haben (so ein Witz aus Sowjetzeiten) und auf der linken Seite die, die darüber gelacht haben. Dabei kamen über 25 000 Menschen ums Leben, weshalb der Kanal, der 6 Monate im Jahr vereist ist und nur wenig Kapazität aufweist, auch **Kanal des Todes** genannt wurde (auch der rumänische Schwarzmeerkanal wird wegen Menschenverlusten beim Bau so bezeichnet).

In Südfrankreich besteht mit dem Canal du Midi ein historisch sehr alter Wasserweg, der heute auf der UNESCO-Weltkulturerbeliste verzeichnet ist. Der Kanal hat auch den Beinamen **Canal des Deux Mers**.

Im New Yorker Stadtteil Brooklyn gibt es den nicht mehr für die Schifffahrt genutzten Gowans Canal, der heute für den Freizeitverkehr genutzt wird und *Jewel of Brooklyn* genannt wird. In Neuengland wiederum gibt es ein

Kanalsystem am Malden river, dessen Townline Brook Canal den Beinamen **rat trails** hat. Ein weiterer ehemaliger Kanal, der alte Erie-Kanal, wurde nach dem Gouverneur, der dessen Bau damals veranlasst hat, auch **Clinton´s Ditch** genannt.

Der **Karlsgraben** (Kanalverbindung Main-Donau) auch Fossa Carolina genannt, war eine Verbindung zwischen schwäbischer Rezat und Altmühl und damit ein Vorläufer des Main-Donau-Kanals. Vermutlich wurde unter Karl dem Großen im Jahr 793 bei Treuchtlingen ein 3 km langes Kanalstück ausgehoben. Dies ist jedoch umstritten. Eine 500 m lange erhaltene Wasserfläche bei Gunzenhausen wird dem Projekt zugeschrieben.

Der Ludwigskanal (auch Ludwig Donau-Main-Kanal genannt) war der Vorläufer des heutigen Rhein-Main-Donau-Kanals. Er bat eine Verbindung von der Altmühl über Dietfurt, den Flüssen Sulz und Regnitz folgend nach Bamberg. 1843 wurde der 178 km lange Kanal eröffnet. Durch seine geringe Kapazität und das Aufkommen der Eisenbahn verlor er jedoch rasch an Bedeutung.

Fossa Eugeniana (Kanalverbindung Maas-Rhein) ist ein 1626 begonnenes 50 km langes Kanalprojekt, das nie fertig gestellt wurde in Teilen jedoch erhalten geblieben ist. Der Kanal wurde von der damaligen spanischen Regentin in Brüssel Isabel Clara Eugenia (eine Tochter Philipps II.) geplant, um die abtrünnige Niederlande zu umfahren. Die Breite der Kanalreste beträgt nur 4,3 m.

Nordkanal (Kanalverbindung Maas-Rhein) Von Napoleon initiiertes, 1809 begonnenes und 1811 aufgegebenes Kanalprojekt (Grand Canal du Nord) einer Verbindung zwischen Maas und Rhein. Nur ein Teilstück bei Neuss wurde fertig gestellt.

Der Wallensteingraben (Verbindung Schweriner See – Ostsee) ist ein 21 km langer Graben, ein fließender Bach, der im 16. Jahrhundert auf Betreiben von Fürst Wallenstein erbaut wurde. Er ist jedoch mit 50 cm so flach, dass er nicht schiffbar ist.

Beinamen von schiffbaren Kanälen	
Deutschland	
Elbe-Seitenkanal	**Elbe-Pleitenkanal** **Heide-Suez**
Eldekanal	**Silbernes Band Mecklenburgs**
Finowkanal (Teilstück)	**Langer Trödel**
Rhein-Main-Donaukanal	**Neuer Kanal**
Rhein-Herne-Kanal	**B 1 der Wasserstraßen** **Schlagader des Ruhrgebietes** **Ruhrkohlenkanal** **Kumpelriviera**
International	
Götakanal (S)	**Blaues Band Schwedens, Scheidungskanal**
Canal du Midi (F)	**Canal des deux mers**
Telemark-Kanal (NO)	**Achtes Weltwunder (einst)**
Manchester Ship Canal	**Big Ditch**
Wyrley and Essington Canal	**Curley Wyrley**
Belomor-Kanal (Russland)	**Todeskanal**
Konstanza-Kanal (Rumänien)	**Todeskanal**
Erie-Kanal (USA)	**Clinton's Ditch** **Clinton's Folly**
Kaiserkanal (China)	**Großer Kanal**

6.2 Binnenhäfen

Beinamen von Binnenhäfen sind selten. Der Duisburger Innenhafen wurde wegen seiner Getreidemühlen früher **Brotkorb des Ruhrgebietes** genannt.

Moskau im Binnenland Russlands, weit vom Meer entfernt gelegen, wird auch **Hafen der 5 Meere** genannt, weil die Stadt per Wasserstraße mit 5 Meeren verbunden ist (Ostsee, Nordmeer, Schwarzes Meer, Kaspisches Meer, Mittelmeer).

Im Bregenzer Hafen heißen zwei runde Leuchttürme auf den Molenköpfen ‚**Salz- und Pfefferbüchsle**'.

Beinamen von Binnenhäfen	
Duisburg-Innenhafen	Brotkorb des Ruhrgebiets
Moskau	Hafen der fünf Meere

Im Magdeburger Handelshafen gibt es einen dampfgetriebenen Schwerlastkran, der, als er noch in Betrieb war, *Elefant* hieß.

Seit den 1990er Jahren versuchen manche Städte, innenstadtnahe, wenig genutzte Hafenanlagen als Wohn- und Bürostandorte zu entwickeln. Beispiele dafür sind der Rheinauhafen in Köln, der Westhafen in Frankfurt und der Zollhafen in Mainz. Manche dieser Umnutzungen haben dafür geschaffene Projektnamen, so der **Medienhafen** in Düsseldorf, das **Kreativkai** in Münster und der **Channel Hamburg** in Hamburg-Harburg.

Städtebauliche Hafenumnutzungsprojekte	
Düsseldorf	Medienhafen
Hamburg-Harburg	Channel Hamburg
Münster	Kreativkai

6.3 Binnenschiffe

Vor hundert Jahren war die Kettenschifffahrt auf deutschen Flüssen wichtig. Ein Dampfschiff zog sich an einer Kette stromaufwärts und zog andere Schiffe im Schlepptau mit. Kettenschiffe auf dem Main hießen Määkuh (Mainkuh) auf dem Neckar hießen sie Neckaresel. Im Zweiten Weltkrieg kam ein spezielles Transportsystem zum Einsatz, das Westphalfloß. Ein Schlepper vorne, ein Schubboot hinten, dazwischen 8x3 schwimmfähige Lastrohre, in denen Kohle vom Ruhrgebiet zu einem Stahlwerk in Salzgitter transportiert wurde. Im Volksmund hieß dieses Transportsystem Kanalschlange. In Frankreich wird das dort übliche Frachtschiff *peniche*, genannt, zu Deutsch auch Penischen, Spits oder **Spitz**. Nach dem französischen Politiker Charles de Freycinet (1829-1923), der Lastkahn-Normen festlegte, wird eine bestimmte Größe auch Freycinet-Penichen genannt.

Beiname	Schiffstyp
Mainkuh	Kettenschiffe auf dem Main
Neckaresel	Kettenschiffe auf dem Neckar
Kanalschlange	Westphalfloß (Schleppzug)

Personenschiffe

Als es noch keine direkte Bahnverbindung zum Ammersee gab musste man vom Bahnhof Grafrath mit einem Dampfschiff auf der Amper dahin reisen. Weil es ein Moor durchquerte (Ampermoor) und der Signalton an das Muhen einer Kuh erinnerte, wurde das Schiff **Mooskuh** (bzw. Reserl) genannt. Auf dem Schweriner See gab es vor dem Ersten Weltkrieg einen Raddampfer, dessen Besitzer die Preise so niedrig ansetzte, dass er im Volksmund **Fünf-Pfennig-Dampfer** genannt wurde. In den 1920er Jahren verkehrten auf dem Ludwigskanal **Schlagrahmdampfer** genannte Ausflugsboote.

6.4 Fähren

Flussfähren

Flussfähren haben manchmal Beinamen. Hängen sie an einem Seil, sind es Gierseilfähren, auch **fliegende Brücken** genannt.

Fähre	Beiname
Dampffähre in Bonn (einst)	Nussschale (Noaßschal)
Kalkar, Rheinfähre (einst)	Ponte

An der Oste (Niedersachsen) betrieb der Gastwirt Helmut Plate eins eine handgezogene Seilfähre. Er verunglückte 2007. Ihm zu Ehren nannte der lokale Volksmund die Oste auch Rio de la Plate.

Schwebefähren

Auch Schwebefähren, von denen übrigens weltweit nur noch acht in Betrieb sind, davon zwei in Deutschland, haben gelegentlich Beinamen. So wird der bewegliche Teil der Schwebefähre bei Rendsburg am Nord-Ostseekanal **Däumling** genannt. In Niedersachsen wird die Schwebefähre über die Oste auch **Eiffelturm des Nordens** genannt.

Die beiden Schwebefähren werden übrigens durch die Deutsche Fährstraße, auch *Fährienstraße* genannt, verbunden.

Schwebefähre	Beiname
Osten an der Oste	Eiffelturm des Nordens
Rendsburg	Däumling Eiserne Lady

7. Seeschifffahrt

7.1 Seewege

Zusätzlich zur Seidenstraße genannten Landhandelsverbindung zwischen Asien und Europa gab es eine Seeverbindung. Diese heute **Seidenstraße des Meeres** genannte Handelsroute erstreckt sich von Südchina, über die Philippinen, Vietnam, Thailand, Sri Lanka, Indien, Iran, dem Roten Meer in das Mittelmeer. Sie wird wegen des Handels mit chinesischem Porzellan auch als **Porzellanstraße** bezeichnet.

Die **Gewürzroute** war die vor allem durch die Portugiesen (Magellan) bereits im 15. Jahrhundert erschlossene Seeverbindung Europas über Indien zu den Gewürzinseln Hinterindiens (Gewürze waren in der damaligen Zeit zur Haltbarmachung und Verfeinerung der Speisen von großer Bedeutung). Ihr Landpendant durch die arabische Halbinsel wird auch als Gewürzstraße bezeichnet.

Die **Nordwestpassage** ist ein die Küste Kanadas entlangführender etwa 5800 km langer Seeweg zwischen dem Atlantik und dem Pazifik im Nordpolarmeer. Sie wurde erstmals 1903-1906 von Roald Amundsen befahren. Entsprechend gibt es entlang der russischen Nordmeerküste eine 6500 km Nordostpassage, die das Weiße Meer mit der Beringstraße verbindet. Sie wurde erstmals 1878-1879 von Adolf von Nordenskjöld durchfahren. Im Zuge der Erderwärmung wird erwartet, dass diese Passagen in Zukunft durch verringerte Eisbildung leichter befahrbar sein und alternative Handelsrouten nach Asien darstellen werden.

Heute legen Schiffe zwischen Ostasien und Europa viel größere Entfernungen zurück und müssen durch Piraten beeinträchtigte Seewege, wie die Straße von Malakka, die auch als **Nadelöhr des Welthandels** bezeichnet wird, da

15% des Welthandels durch sie laufen (auch der Panama-Kanal wird als Welthandels-Nadelöhr bezeichnet).

Die 29 km enge und pro Tag von 55 Schiffen befahrene Schifffahrtsstraße vom Golf von Aden ins Rote Meer heißt auf Arabisch Bab el Mandeb, was so viel wie **Tor der Tränen** bedeutet, da die Navigation hier schwierig ist. Das Kap der Guten Hoffnung heißt im Volksmund übrigens auch **Kap der Stürme**.

Zwischen dem 40° und 50° Breitengrad der Südhalbkugel wegen beständig starke Westwinde. Diese Breitengrade werden deshalb **Brave Vierzieger** oder **Brüllende Vierziger** genannt.

Eine berüchtigte Stelle im Weltseeverkehr ist auch das **Bermudadreieck** südlich der Bermuda-Insel. Nicht nur etliche Schiffe, auch Flugzeuge sollen dort versunken sein. In Europa werden in einigen Städten Kneipenviertel (z.B. in Bochum) scherzhaft Bermudadreieck genannt (hier kann man versumpfen/abtauchen). In Deutschland wird das auf zwei Seiten von Meer umgebene Landdreieck Bremerhaven-Cuxhaven-Stade auch **Nasses Dreieck** genannt.

Der deutsche keilförmige Hoheitsbereich in der Nordsee wird wiederum als **Entenschnabel** bezeichnet. An seiner Spitze hat er eine kleine Einbuchtung, die Dänemark zugute kommt, und in welcher bedeutende Öl- und Gaslagerstätten zu finden sind. Eine unbewohnte Sandbank gilt Seemännern als **Blauort**.

In der Schiffsnavigation war früher der Sextant wichtig, ‚**Schinkenknochen**‘ genannt.

Das Küstenhinterland wird im deutschen Seemannsjargon übrigens auch als **Bickbeerenschweiz** bezeichnet, die tobende Nordsee gilt den Küstenbewohnern dagegen als **Blanker Hans**.

7.2 Schiffe

Seeschiffe haben selten Beinamen, da sie schon auf Eigennamen getauft sind, Schiffsmodelle der normalen Bevölkerung wenig vertraut und Schiffe oft Einzelentwicklungen darstellen. Wenig fahrtaugliche Schiffe werden auch als **Seelenverkäufer** (schwimmende Särge, Englisch: *coffin ship*, floating coffin) bezeichnet. Große Schiffe auch als Ozeanriesen, große Öltanker als Supertanker. Containerschiffe werden im Englischen auch box boats genannt. Die Hamburger sagen zu den Hafenfähren vom Typ 2000 auch **Bügeleisen.**

Schiffstyp	Spitzname
Kleines flachbodiges Küstenschiff fürs Wattenmeer	**Schlickrutscher**
Hafenfähren in Hamburg	**Bügeleisen**
Fähre nach Amrum (Nordsee)	**Hallighüpfer**
LNG, LPG Flüssiggasfrachter	**Schwimmende Bomben**
Wenig seetaugliche Schiffe	**Seelenverkäufer**
Kleines Händlerschiff das größere Schiffe versorgt	**Bumboot**
Schlauchboot mit Motorantrieb	**Zodiak**
älteres Schiff	**Zossen**
Großes Segelschiff	**Tampenkreuzer**

7.3 Seeschifffahrtskanäle

Beim Bau des Suezkanals von 1859-1869 kamen angeblich über 100 000 Menschen ums Leben, doch ist diese Zahl nicht genau belegt. Heute wird dieser Schifffahrtsweg auch **Marlboro-Kanal** (oder Marlboro Light-Kanal) genannt, da beim Durchfahren die Lotsen eine Stange Marlboro als Bakschisch erwarten. Viele Menschen kamen auch beim Bau des Panama-Kanals, der den Spitznamen **Big Ditch** (großer Graben) hat, ums Leben. Allein in den 1880er Jahren, als sich die Franzosen, die beim Suezkanal erfolgreich waren, am Kanalbau versuchten, starben 22 000 Arbeiter, zum großen Teil aufgrund von Tropenkrankheiten. Später übernahmen die Amerikaner das Projekt und der Kanal wurde 1914 fertig gestellt. Der Kanal wird auch als **Nadelöhr des Welthandels** bezeichnet.

Nur wenig Tote gab es beim Bau des Nord-Ostseekanals, den jährlich mehr Schiffe durchfahren als den Suez- oder Panamakanal und der heute touristisch als **Kanal der Traumschiffe** vermarktet wird.

☞ In Mannheim gibt es übrigens einen **Suezkanal**. So wird die Tunnelstraße, eine Gleisunterführung des Hauptbahnhofes in der Innenstadt, im Volksmund genannt.

Kanal	Beiname
Manchester Sea Canal	Big Ditch
Nord-Ostsee-Kanal	Kanal der Traumschiffe Kiel-Kanal
Panamakanal	Nadelöhr des Welthandels Big Ditch
Suezkanal	Marlboro-Kanal

7.4 Häfen

Antwerpen hat den Seehafen mit den meisten Beinamen. Im Mittelalter war im heutigen Beneluxraum Brügge wichtigste Stadt und wichtigster Hafen, doch durch Versandung wurde der Zugang zum Meer blockiert und die Stadt zu *Bruges la morte*, Brügge die Tote. Antwerpen stieg zum führenden Hafen auf und es hieß, *Gott hat Antwerpen die Schelde gegeben, aber die Schelde gab Antwerpen alles. Die Welt ist ein Ring und Antwerpen der Diamant,* sagte man.

Napoleon erkannte die strategische Bedeutung des Hafens, als die Franzosen ihn 1795 besetzten nannte er ihn ,*eine Pistole, die auf das Herz Englands zielt'*.

Weil er auch bedeutender Ölhafen ist, wird Antwerpens Hafen auch **Houston an der Schelde** genannt.

Als bedeutender Containerhafen gilt Antwerpen auch als **supermarket of Europe** oder *gateway to Europe*.

Später wurde Amsterdam, dann Rotterdam wichtiger. Rotterdam gilt wegen seines Hinterlandes auch als ,Deutschlands größter Hafen'. *'Wenn das Ruhrgebiet niest, bekommt Rotterdam eine Erkältung'* , sagt man auch.

Bordeaux' Hafen wird wegen seiner sichelförmigen Anlage auch *Port de la Lune* (Mondhafen) genannt. Der Hafen von Cork kam als wichtigster irischer Auswandererhafen zum Beinamen ,**Hafen der Tränen**'.

Der Hafen von Hongkong hat eigentlich keinen Beinamen, doch manchmal sagt man ,*duftender Hafen*' denn das ist es, was Hongkong auf Deutsch bedeutet.

Singapurs Hafen, nach Tonnen bis 2004 der größte der Welt (seither von Shanghai überholt), gilt als Hub, als Verteilerhafen für ganz Südostasien. In der Wirtschaftskrise 2008/09 ging jedoch der Umschlag zurück, viele Schiffe parkten hier nur noch und der Hafen wurde *größter Parkplatz der Welt* genannt.

Hamburg, beziehungsweise sein Hafen, gilt als **Deutschlands Tor zur Welt**.

Im Hafen von Los Angeles-Long Beach waren noch nach der Jahrtausendwende so viele alte LKW-Luftverpester unterwegs, dass er *Diesel death zone* genannt wurde. Seither bemüht man sich jedoch, besonders alte und daher abgasintensive Fahrzeuge aus dem Hafen zu verbannen.

Beinamen von Häfen	
Hamburg	**Deutschlands Tor zur Welt**
Antwerpen	**Houston an der Schelde** **Gateway to Europe** **The supermarket of Europe**
Bordeaux	**Port de la Lune (Mondhafen)**
Cork	**Hafen der Tränen**
Le Havre	**La Porte Océane** (Das Tor zum Ozean)
Rotterdam	**Tor zu Europa** **Deutschlands größter Hafen**
Triest	**Tor Europas** (Porta d'Europa)
Hongkong	**Duftender Hafen**
Singapur	**Größter Parkplatz der Welt** (in Rezessionszeiten)
Port of Louisiana	**Transportation Center of the Americas**
Los Angeles-Long Beach	**Diesel death zone**

8. Flughäfen und Flugzeuge

<u>8.1 Flughäfen</u>

Flughäfen haben nur selten Beinamen, da sie ja meist schon einen Eigennamen besitzen. London Heathrow ist dabei eine Ausnahme. Wegen seines früher laxen Sicherheitsstandards hatte er lange den Spitznamen **Thiefrow**. Der Flughafen Gander in Neufundland war früher, als die Tankfüllungsreichweite von Flugzeugen noch nicht so groß war, eine wichtige Zwischenstation für Transatlantikflüge. Heute wird er kaum noch genutzt, hat aber noch eine Funktion als Ausweichflughafen, so zum Beispiel am 11. September 2001. Deshalb wird er auch **Lifeboat of the North Atlantic** genannt.

Andere Flughafenspitznamen leiten sich aus einer spöttischen Verballhornung des Namens ab. Beispiele sind Shithole für Amsterdam Schiphol, Dallas Fort Worthless und Chicago O'Scare. Der ehemalige Flughafen von Cincinnati Lunken lag wassernah und litt bei einer Flut 1937 unter Überschwemmungen. Er wurde deshalb als **Sunken Lunken** verspottet. Später wurde weiter südlich, und vor Überschwemmungen sicher, ein neuer Flughafen gebaut. **The Tinshed** (die Blechbude) ist der Spitzname eines 1999 eröffneten Glass-Aluminium Terminals des Flughafens Luton bei London.

Der ehemalige Hongkonger Flughafen **Kai Tak** war einst für seine stadtnahen Landeanflüge auf kurzer Landebahn berüchtigt. Schwierige Landeverhältnisse weist auch der Flughafen von Reggio di Calabria in Süditalien auf, weshalb er als **Kai Tak Europas** bezeichnet wird. Der Flughafen von San Diego wird gelegentlich **Kai Tak Amerikas** genannt. Der 1997 eingeweihte neue Flughafen Hongkongs hat dagegen durch seine großzügigen verglasten Passagierhallen den Beinamen **Cathedral of Aviation.**

Denvers Flughafen ist für seine Umweltschutzambitionen bekannt und sieht sich als **green airport**. Am Flughafen steht eine blaue Pferdestatue, die etwas unheimlich wirkt und im Volksmund **Bluecifer** genannt wird.

Die Texaner machen sich über die Umbenennung von Houstons eher provinziellen Flughafen in *George Bush International Airport* lustig, indem sie ihn *Intergalactic Airport* nennen.

Während der mittlerweile stillgelegte zentrumsnah gelegene Flughafen Tempelhof in Berlin in den frühen 1930er Jahren nach dem Passagieraufkommen in Europa noch an der Spitze stand, verlor er durch die Teilung der Stadt an Bedeutung. 1948 landeten hier **Rosinenbomber** (Douglas DC 3), um die Sowjetblockade Westberlins zu umgehen, ein Denkmal auf dem Flughafenvorplatz, von den Berlinern **Hungerharke** genannt, erinnert heute noch daran. Vor seiner Stillegung im Jahre 2008 schwebten hier oft VIPs in Privatflugzeugen ein, der Flughafen wurde senatsintern deshalb auch als **VIP Airport** bezeichnet. Zu einem Drehkreuz Europas, wie sich der Flughafen Frankfurts manchmal nennt, wird sich Berlin jedoch auch durch die ursprünglich für 2012 geplante und seither immer wieder verschobene Eröffnung des neuen Flughafens in Schönefeld in absehbarer Zeit nicht entwickeln. Schon kurz nach der abgesagten Eröffnung wurde er als *Problem-BER* tituliert, später als Pannen-Airport. Mit der Entrauchungsanlage gab es so viele Probleme, dass sie intern als **Monster** bezeichnet wurde. Im Sommer 2019 scheint man das Monster nach erfolgter TÜV-Abnahme endlich gezähmt zu haben. Manche fürchten sich jedoch auch vor der Eröffnung, den Flugrouten werden sich in bisher privilegierte südliche Wohnlagen verschieben, weshalb diese von manchen auch **Fluchrouten** genannt werden. In Berlin werden mittlerweile Witze erzählt wie: *Was hat der Mars mit dem neuen Berliner Flughafen gemeinsam?* `In etwa 30 Jahren sollen die ersten Menschen dort landen.´

Immerhin funktioniert unmittelbar neben BER Berlin-Schönefeld als als Billigflieger- bzw. *Ferien-Airport.*

Berlin-Tegel gib es ja auch noch, von der Süddeutschen Zeitung wegen seiner bescheiden-schlichten, in die Jahre gekommenen, aber praktischen Gestaltung der kurzen Wege auch als *Naktmull unter den deutschen Flughäfen* bezeichnet.

Flughafen	Beiname
Berlin BER	**Pannen-Airport, das Ding**
Berlin-Schönefeld	**Ferien-Airport**
Hamburg Fuhlsbüttel	**Fussy**
Memmingen	**München-West**
Kassel-Calden	**Größte Schafsweide Europas**
Bergamo Orio al Serio	**Milano III**
Bilbao Sondika	**Die Taube**
Heathrow	**Thiefrow** **Heathslow**
Paris Charles de Gaulle	**Beton-Camembert**
Gander	**Lifeboat in the North Atlantic**
Philadelphia	**Filthadelphia**
Chicago O' Hare	**O' Hell, O' Scare**
Washington Dulless	**The Dullest**
Cincinnati	**Cincinasty**
Houston, George Bush International Airport	**Intergalactic Airport**
Seattle-Tacoma	**Sea Tac**
Fargo-Moorhead	**Margo´s Forehead**
Tel Aviv Ben Gurion	**Natbag**
Haneda (Tokio)	**Big bird**
Suvarnabhumi (Bangkok)	**The Swampy**
Hongkong	**Cathedral of Aviation**

8.2 Flugzeuge

Während es eine große Zahl von Spitznamen für Militär-
flugzeuge gibt (zum Beispiel **Witwenmacher** für den
Starfighter, die zivile Cessna wird manchmal ebenso
genannt), sind solche für zivile Flugzeuge seltener.
Das Luftschiff R 101 hieß auch **Fliegende Zigarre** oder,
nach Katastrophen, später Fliegender Sarg. Heute werden
Luftschiffe auch Zeppelin genannt. Die Junkers 52, die
heute für touristische Nostalgieflüge eingesetzt wird,
hatte den Spitznamen **Tante Ju.** Für neuere Zivilflug-
zeuge, die sich alle sehr ähneln, gibt es nur selten
Beinamen. So ist die Boeing 747 allgemein als **Jumbo-
Jet** (Jumbo war einst ein besonders großer Elefant, der in
einem Wanderzirkus ausgestellt wurde und Übergrößen
einen Namen gab) bekannt. Weil über Ghettovierteln
amerikanischer Städte oft Polizeihubschrauber schwirren,
werden diese auch als **Ghettobirds** bezeichnet. Das an
die Concorde erinnernde russische Überschallflugzeug
Tupolev 144, das wegen Sicherheitsmängeln weit früher
aus dem Verkehr gezogen wurde, hatte den Beinamen
Concordski.
Airbus-Transporter werden wegen ihrer Form (an den
Beluga-Wal erinnernd) auch **Beluga** genannt, entsprechende Transporter von Boeing Super-Guppy.
Der neue Airbus A-380, Projektname Megaliner, wird
umgangssprachlich Superjumbo genannt. Im Oktober
2007 wurde das erste Flugzeug an Singapore Airlines
ausgeliefert. Da sich die Auslieferung an die australische
Fluggesellschaft Quantas mehrmals verzögert hatte,
nannten ihn Quantas-Passagiere auch *Airbus A-3 lately*.
Das Konkurrenzprodukt von Boeing, der 787, wird auch
Dreamliner genannt.

8.3 Fluggesellschaften

Bleiben Lufthansa-Maschinen wegen Streiks oder aus anderen Gründen am Boden, wird die Luftlinie auch als **Bodenhansa** verspottet. Manchmal werden auch die Bestrebungen der DB, sich imagemäßig an der Lufthansa zu orientieren, so bezeichnet. Nach ihrem Logo wird die Lufthansa auch *Kranich* genannt. Die australische Quantas, nach der KLM die zweitälteste noch heute bestehende Fluggesellschaft, hat nach ihrem Logo den Spitznamen *Flying Kangaroo* (fliegendes Känguruh).

Ariana, die Luftfahrtgesellschaft Afghanistans, galt zeitweise als *'schlechteste Fluglinie der Welt'* und hat den Spitznamen **Scaryana** (scary = furchterregend). In den 1980er Jahren galt die Pakistan Airlines als Billigflieger, sie wurde auch wegen ihrer Sicherheitsstandards *Never-Come-Back-Airline* oder *Please Inform A...* genannt.

In Trinidad wird das Akronym der British West Indian Airline als *Better Wait in Airport* interpretiert. Zu Sowjetzeiten galt die russische Aeroflot wegen schlechtem Service und der Qualität des Bordessens als **Aeroflop**. Als die amerikanische Fluggesellschaft Delta (auch interpretiert als *Doesn't leave the airport,* oder auch *Don't expect luggage to arrive*) ihr Logo änderte, nannten es manche **Deltaflot**, weil es an das von Aeroflot erinnerte.

Lange Zeit galt die Swissair als Inbegriff von Zuverlässigkeit und profitablem Betrieb. In den 1980ern hatte sie den Beinamen '**fliegende Bank**'. Doch im Jahre 2002 war die 1931 gegründete Fluggesellschaft pleite und musste den Betrieb einstellen. Zuvor hatte sie sich mit Zukäufen übernommen, darunter war die belgischen SABENA, die auch als *Such a Bad Experience Never Again* verspottet wurde.

Damals meinten manchen SAS würde für *Same as SABENA* stehen.

Austrian Airlines, wie SABENA (als Brussels Airlines), heute ebenfalls zu Lufthansa gehörend, gals im englischen Sprachraum auch als *Almost Unknown Airline*. El Al dagegen auch als *Every Landing Always Late*.

Alitalias Akronym wurde dagegen früher als *Always late in take off and late in arrival* (oder auch ‚*arrive late in Tokyo, all luggage in Atlanta*', bzw. mit Torino und Athens als Städtepaar) interpretiert, die portugiesische TAP als *Take Another Plane* oder *Take a Parachute*. Seither hat sich jedoch durch zunehmende Konkurrenz einiges gebessert. Als es noch die Jugoslav Airlines gab wurde deren Akronym JAT auch als *Joke in Time* interpretiert. Easy Jet gilt manchen als *Sleezy Jet*. Die Alaska Airlines wird auch zu **Elastic Scarelines** verballhornt. Leider gibt es *That Wonderful Airline* (TWA) nicht mehr, von bösen Zungen als *Travel Without Arrival* oder *Took Wrong Airline* gelesen. Pan Am (*Plan on Arriving Nervewrecked and Mad*) gibt es ebenfalls nicht mehr. Northwest wurde dagegen zu *Northworst* oder *Northwaste* verballhornt, British Airways zu *Brutish Airways*. Wegen der dürftigen Bordverpflegung wurde Royal Air Maroc auch als *Rien à manger* gelesen und die West Indies Airlines BWIA als *But Will it Arrive* interpretiert.

Einige dieser Wortspiele sind schon älter und haben mit der heutigen Servicequalität oft nicht mehr viel zu tun.

9. Pipelines

Bei den Pipelines gibt es vor allem für neuere geplante Gaspipelines Beinamen. Da im September 2005 der damalige Bundeskanzler Gerhard Schröder und der damalige russische Präsident Wladimir Putin eine Absichtserklärung zum Bau einer Ostsee-Gaspipeline unterschrieben haben, wird diese genannte Pipeline (Projektname Nord-Stream) im Volksmund auch **Schröder-Putin Pipeline** genannt. Landseitige Baumaßnahmen in Russland haben bereits begonnen, aber der Baubeginn des Unterwasserabschnittes ist noch nicht geklärt. Im Jahre 2012 soll das erste Erdgas durch die Pipeline fließen.

Nabucco ist der Name einer geplanten Gaspipeline von der Osttürkei über den Balkan nach Österreich. Sie soll Gasfelder in Aserbaidschan und Iran mit den europäischen Absatzmärkten verbinden. Der Baubeginn ist für 2010 geplant, die Fertigstellung für 2015. Das noch vage Projekt einer Transsahara Gaspipeline (Nigeria-Algerien) hat den Beinamen **African Nabucco** bekommen. In Nordrhein-Westfalen nennen besorgte Bürger eine geplante CO-Pipeline vom Bayer-Standort Uerdingen nach Dormagen Giftgaspipeline.

Pipeline	Beiname
Nord Stream/Ostsee-pipeline (Gas), in Bau	**Schröder-Putin-Pipeline**
Trans-Sahara Gas Pipeline (geplant)	**African Nabucco**
Iran-Pakistan-Indien-Pipeline (Gas, geplant)	**Peace Pipeline**
CO-Pipeline Uerdingen-Dormagen (geplant)	**Giftgaspipeline**

10. Verkehr allgemein

10.1 Fahrkarten, Vignetten, Strafzettel

Fahrkarte	Spitzname
Familienfahrpreiskarte	Würmeling-Ausweis Karnickelpass
Wochenendticket (DB)	Assi-Ticket
Pappfahrkarte	Edmondsche Fahrkarte
Auto-Vignetten	
Autobahnvignette	Pickerl (Österreich)
Korridor-Vignette	Mini-Pickerl
Verwarnungen (gebührenpflichtig)	
Strafzettel	Knöllchen, Knolle, Wisch
Flugtickets	
Economy Class	Holzklasse,Touristenklasse

Nach Franz-Josef Wuermeling (1900-1986), von 1953-1962 deutscher Familienminister, wurde ein Berechtigungsausweis für ermäßigte DB-Fahrkarten für kinderreiche Familien im Volksmund **Wuermeling** (oder auch **Karnickelpass**) genannt. Das DB-Wochenendticket verhilft auch sozial benachteiligten Gruppen zu Bahnmobilität (und am Bahnhof zur Nachfrage, *,haben Sie vielleicht ein Wochenendticket?'*), es wird vom weniger freundlichen Volksmund auch Assi-Ticket genannt.

Hat man am Parkscheinautomaten (früher an der Parkuhr, Groschengrab genannt) nichts eingeworfen, kann es einen Strafzettel (Knöllchen) geben. Bei Geschwindigkeitsüberschreitungen ist oft Bußgeld fällig. Festinstallierte Blitzer (Radarfallen) werden im Volksmund auch **Starenkästen** (Schweiz: auch Blechpolizisten) genannt. Wenn man mit zuviel Alkohol im Blut unterwegs war ist manchmal auch eine *Medizinisch-Psychologische Untersuchung* (MPU) fällig (im Volksmund: **Idiotentest**).

10.2 Verkehrspersonal

Beruf	Spitzname
Stewardessen	Saftschubsen
Co-Pilot	Streifenhörnchen
Politesse	Zetteltriene, Zettelpuppe
Männliche Politesse	Knollizist, Politesserich
Zugabfertiger	DB, ÖBB: Rotkäppchen SNCF: Fromage blanc SJ: Bahnsteiggockel
LKW-Fahrer	Kapitäne der Landstraße Brummifahrer, Trucker Kutscher, Dieselknechte
Busfahrer (Raser)	Rentnerschüttler
Binnenschiffer	Schlickrutscher
Maritime Schifffahrt	
Funkoffizier	Funkenpuster
Kühlanlagenbetreuer	Eisbär
Proviantverwalter	Speckschneider (Segelschiffe)
Schiffsjunge	Moses
Schiffsmechaniker	Ôlfuß
Schiffsreiniger	Schietgang
Zollkontrollpersonal	Schwarze Gang

Stewardessen (Flugbeleiterinnen) werden von jüngeren Fluggästen respektlos auch **Saftschubsen** genannt. Entsprechend gelten die Sicherheitsanweisungen im Flugzeug als **Saftschubsenballet**. Nicht beliebt sind Politessen, im jüngeren Volksmund auch Zetteltriene und Zettelpuppen genannt. Männliche Politessen werden auch als **Knollizist** verballhornt.

In der Segelschifffahrt gab es früher Proviantverwalter, die nicht nur ‚Matrosenkuchen' (Zwieback) zuteilten, und deshalb **Speckschneider** genannt wurden. Weil britische Seeleute Limonensaft gegen Skorbut mitführten, wurden sie auch *Limeys* genannt.

10.3 Fahrgäste/Passagiere

Verkehrsmittel	Fahrgast-Spitzname
Luftverkehr	Pax, Paxe, Paxen (Plural)
Nahverkehr	Stehgäste (bei Überfüllung)
Eisenbahn	Cattle (brit. Bahn)

Im Luftverkehrsjargon werden Passagiere auch als Pax, bezeichnet, im Plural auch als **Paxe** (gelegentlich auch Singular) oder Paxen.

In überfüllten Nahverkehrszügen ohne Sitzplätze sehen sich Fahrgäste manchmal als **Stehgäste**. Manche fühlen sich auch wie Ölsardinen, die auf der Odenwaldbahn eingesetzten Desiro-Triebfahrzeuge mit geringer Kapazität, die in letzten Jahren zu solchen Erlebnissen führten werden in Eisenbahnforen deshalb auch als Sardinos bezeichnet. Eine Wikipedia-Seite zu britischer Eisenbahn-Terminologie führt Begriff *cattle* auf, der (leicht zynisch) für Fahrgäste steht. Denn besonders Pendler beschweren sich oft, wie 'Vieh' behandelt zu werden.

Bus (und Tram)-Fahrgäste, die zwei Sitzplätze statt einem belegen, werden auch **Karussell-Fahrer** genannt.

Schwarzfahrer
Fahrkartenkontrolleure werden in Österreich wegen ihrer Kleidung auch **Schwarzkappler** genannt. Fahrgäste ohne Fahrschein gelten im Volksmund als **Schwarzfahrer** (oder seltener Umsonstfahrer), im Englischen als *fare dodger*, im Französischen als *resquilleur*. Im Flugzeug und auf Schiffen gelten sie auch als **blinde Passagiere**, auf dem Schiff zudem als **Einschleicher**. Bei der Straßenbahn gab es früher auch **Trittbrettfahrer,** heute ein allgemeiner Begriff für jemanden, der einen Nutzen erlangt, ohne dafür zu zahlen. In Amerika gab es früher viele **Hobos**, Tramps, die illegal auf Güterzügen mitfuhren und so durch Amerika reisten.

10.4 Verkehrsbeobachter und Nerds

a) Eisenbahn

Land	Bahnnerd-Spitzname
Deutschland	Pufferküsser Nietenzähler, Schwellenzähler Stoffbeutelträger (Berlin)
Großbritannien	Trainspotter , Anoraks Gricer, rail buff, geeks frother, crank, zeds
Frankreich	Ferrovipathe, Ferroviphile, sidérodromophile
USA	Foamers , Rivet counters
Australien	Gunzel
Japan	densha otaku

In Deutschland werden Eisenbahnnerds auch **Puffer-küsser** genannt (notiert man Loknummern, ist man wahrscheinlich einer), in Berlin heißen sie auch **Stoff-beutelträger**. selten hängt der Stoffbeutel an einem Anorak, wegen des Regens vor allem in Großbritannien, wo trainspotters deshalb auch **Anoraks** heißen. In den USA gibt es kaum mehr Eisenbahnpersonenverkehr. Beim Anblick von Fernzügen, besonders Dampfloks, läuft Eisenbahnfans dort deshalb so das Wasser im Mund zusammen, dass der ‚Schaum vor dem Mund' ihnen zum Beinamen **Foamers** verholfen hat. In romanischsprach-igen Ländern gibt es kein richtiges Pufferküsseräqui-valent. Im sprachbewußten Frankreich haben Sprach-wärter immerhin ein paar offizielle Begriffe geschaffen, wie **Ferrovipathe** oder Ferroviphile. Im Eisenbahnland Japan sind die **otakus** die Nerds und es gibt eine fein aus-differenzierte Szene von **densha otakus** (Bahn-Otakus), die sogar Sammler von Bahnsteigmelodien, Fahrplan-freaks und weibliche Nerds einschließt.

b) andere Verkehrsmittel

Verkehrsmittel	Beobachterbeiname
Straßen	UK: Road geek, road enthusiast Road buff
Busse	UK, Hong Kong: Bus spotter Bus enthusiast
U-Bahnen	UK, USA: Metrophile
Binnenschifffahrt	UK: Gongoozler
Luftverkehr	UK, internat.: plane spotters
Schifffahrt	D: Schnodderbass (Laien)

Neben 200 000 trainspotters gibt es in Großbritannien auch **Bus spotters**. Auch in Hong Kong sind sie zahlreich. U-Bahnbeobachter, **Metrophile** genannt, gibt es vor allem in New York, wo die U-Bahn das ist, was in Europa die Eisenbahn ist.

Ein spezielles Phänomen in Großbritannien sind die Kanalbeobachter, **Gongoozlers** genannt. Großbritannien hat ein interessantes Netz schmaler Kanäle aus der Frühzeit der Industrialisierung, das heute vor allem von Freizeitkapitänen genutzt wird. Besonders das Geschehen an altertümlichen Schleusentreppen und Schiffshebewerken zieht die Gongoozlers an. In Deutschland mit seinen nüchternen neuzeitlichen Kanälen zieht eher der maritime Schiffsverkehr, inklusive Nord-Ostsee-Kanal, Beobachter an. Hier fühlt sich die Schiffsbesatzung in Häfen durch Fragen interessierter, gesprächiger Laien, im maritime Jargon **Schnodderbass** genannt, genervt. Echte kenntnisreiche Nerds sind das aber nicht.

In den letzten Jahren ist das Phänomen der **plane spotters** an Flughäfen wichtiger geworden. Beigetragen dazu hat das Internet, heute können *plane spotters* Informationen untereinander schnell austauschen und abgleichen und dadurch die Bewegung von bestimmten Flugzeugen international verfolgen.

10.5 Verkehrsexperten

In deutschsprachigen Medien werden Verkehrs- und Technikexperten schnell als Papst bezeichnet. Relativ häufig wird Dieter Ludwig (*1939) der ehemalige Leiter der Verkehrsbetriebe Karlsruhe und Initiator des *Karlsruher Modells* (Straßenbahnen auf Eisenbahnstrecken) als Nahverkehrspapst bezeichnet. In Österreich gilt Hermann Knoflacher (*1940), emeritierter Verkehrsplanungsprofessor der TU Wien, als Verkehrspapst, vor allem, was die Förderung der sanften Mobilität betrifft. Der kanadisch-dänische Stadtverkehrsexperte Mikael Colville-Andersen wird häufiger als Fahrradpapst bezeichnet. Den Amerikanern gilt er auch als *Jane Jacobs der heutigen Zeit* (Jacobs war eine wichtige kanadisch-amerikanische Stadtplanerin). Er selbst hat die Begriffe *cycle chic* und *Copenhagenize* (eine Stadt so fahrradfreundlich wie Kopenhagen machen) kreiert. Günther Schuh, Professor für Produktionssystematik an der RWTH Aachen und Mitbegründer des Elektro-Fahrzeugherstellers Streetscooter sowie von eGo Mobile wird von deutschen Medien gelegentlich als *E-Auto-Papst* bezeichnet. Ferdinand Dudenhöffer, Professor an der Uni Duisburg-Essen sowie der Berliner Journalist Andreas Keßler gelten als *Auto-Papst*.

Experte	Bezeichnung
Hermann Knoflacher	ÖsterreichsVerkehrspapst
Gerrit Mansen	Verkehrspapst
Dieter Ludwig	Nahverkehrspapst
Mikael Colville-Andersen	Fahrradpapst
Klaus Rießberger	Eisenbahn-Papst
Andreas Keßler	Autopapst
Ferdinand Dudenhöffer	Autopapst
Günther Schuh	E-Auto-Papst
Karl Kordesch	Brennstoffzellenpapst
Carl-Joachim Winter	Wasserstoffpapst

10.6 Verkehrslogos

a) Eisenbahnen- aktuelle Logos

Logo	Bahn, Anwendung	Spitzname
	Seit 1994 DB-Logo, gestaltet von Kurt Weidemann	DB-Keks Dürr-Keks
	Teil des SBB-Logos	Pleitegeier (in den 1990ern)
	SNCF (TGV) 2006-	Schneckenlogo (logo escargot)
	NS (Niederlande), 1968-heute	Fischhaken, Angelhaken (*NL: Vishaken*)
	SJ (Schwedische Eisenbahn)	Geflügelte Fleischwurst, Konjunkturtal, Sterbende Möwen
	Penn Central (USA)	Sich paarende Würmer, verliebte Würmer (*US: mating worms, worms in love*)
	Canadian National Railways (CN)	Verbogene Büroklammer (*Bent paper clip*)

Am 1. Januar 1994 entstand aus der Fusion der Deutsch-
en Bundesbahn mit der Deutschen Reichsbahn die
Deutsche Bahn AG. Aus diesem Anlass wurde ein neues
Logo eingeführt, das dem alten Logo, das auch als *DB-
Keks* bezeichnet wurde, aber ähnelte. Das neue Logo war
vom Grafikdesigner Kurt Weidemann (*1922) gestaltet
worden, der schon die Schriften für die Logos von
Mercedes-Benz und Porsche überarbeitet hatte. Nach
dem damaligen DB-Vorstandsvorsitzenden Heinz Dürr
wurde das neue Logo wortspielerisch auch *Dürr-Keks*
genannt, denn die DB-Buchstaben kamen in klarer,
serifenloser Schrift schlanker daher, als die Weiß-auf
Schwarz-Buchstaben mit den doppelten dicken Begrenz-
ungslinien des alten Logos. Der Keks wirkte also dürrer.
Heute werden dem DB-Logo noch die Worte ,*Mobility
Networks Logistics*' zur Seite gestellt. In der Schweiz
gehört zum Bahnlogo der Unternehmensname in drei
Sprachen (SBB-CFF-FFS). Das Kernlogo selbst, ein
weißes mit Richtungspfeilen versehenes Kreuz auf rotem
Grund, wurde in den 1990er Jahren, als es dem Unternehmen finanziell nicht so gut ging, auch ,*Pleitegeier*'
genannt. Die Nederlandse Spoorwegen (NS) bekamen
1968 ein modernes Logo, den ,*Vishaken*' (Fischhaken).
In Frankreich wird von manchen Designern die schneck-
enartige Anmutung des seit 2006 genutzten TGV-Logos
kritisiert. Wenn man das Logo auf den Kopf stellt, wird
die Schneckenähnlichkeit noch deutlicher.

In Schweden löst das SJ-Logo zahlreiche Interpretationen
aus, wie *geflügelte Fleischwurst* oder *sterbende* bzw.
zusammenprallende Möwen. In den USA sehen manche
im Penn Central-Logo *sich paarende* oder *verliebte
Würmer*, in Kanada wird das CN-Logo auch als *verbo-
gene Büroklammer* (bent paper clip) interpretiert.

b) Eisenbahnen - ehemalige Logos

Logo	Bahn, Anwendung	Spitzname
	ÖBB (Österreich), 1971-2004	ÖBB-Pflatsch Schnecke
	SNCF (Frankreich), 1985-1991	Nudellogo (*logo nouilles*) Spaghetti-Logo
	SNCF, 1992-2005	Mützenlogo (*logo casquette*)
	RENFE (Spanien), 1971-2004	Biskuit (La galleta)
	British Rail, 1948-1956	Radelnder Löwe (*Mono-/ Cycling Lion*)
	British Rail, 1956- 1964	Frettchen und Dartboard (*Ferret and Dartboard*)
	CIE (Irland), 1945-1962	Fliegende Schnecke (*Flying snail*)
	CIE (Irland,1963- 1987	Gebrochenes Rad (*Broken Wheel*)

Mit der Gründung der *Österreichischen Bundesbahnen Holding AG* im März 2004 wurde auch der 1971 eingeführte '*ÖBB-Pflatsch*', auch *Schnecke* genannt, zum Bedauern etlicher Bahnfans abgeschafft. Seither stehen nur noch die drei Buchstaben für die ÖBB.

Bei der französischen SNCF gab es im Lauf der Jahre etliche Logowechsel. Das 1985 eingeführte Logo, *Nudellogo* (*logo nouilles*) oder auch *Spaghettilogo* genannt, wurde bereits 1992 durch das *Mützenlogo* (logo casquettes) ersetzt, welches auch nur bis 2005 Bestand hatte.

Auch die British Rail wechselte ihre Logos seit den 1950er Jahren mehrfach. Von 1948-1956 symbolisierte der '*Cycling Lion*' bzw. '*Monocycling Lion*' (Radelnder Löwe), die Bahn, von 1956 bis 1964 hatte der britische Löwe dann das Schienenrad in den Klauen, was als '*ferret and dartboard*' ('Frettchen und Dartboard') interpretierte wurde. 1965 kam dann das noch heute von National Rail verwendete Doppelpfeil-Logo zum Einsatz,

welches auch das Design des niederländischen Bahn-Logos beeinflusste.

Bei der irischen Eisenbahngesellschaft CIE gab es seit dem Krieg ebenfalls etliche Logo-Wechsel. Die 1945 eingeführte '*Flying Snail*' ('Fliegende Schnecke') wurde 1963 durch ein '*Broken Wheel*' ersetzt, welches 1988 durch ein IR (Irish Rail) symbolisierendes Schienenstrang-Logo ersetzt wurde. Radikale Sprayer fügten dem IR jedoch oft ein A hinzu, weshalb 1994 das noch heute gültige (C)IE, Iompair Eireann-Logo eingeführt wurde. Die Kunden-Webseite (irishrail.ie) verwendet heute jedoch schon wieder ein anderes Logo.

1988-1994	1994-	Kunden-Webseite

c) Automarken

Logo	Marke, seit	Spitzname
	Ford, seit 1903 (blaues Oval seit 1927)	Ford-Zwetschge Blaue Pflaume
	Chevrolet, 1913-	*Bowtie* (Fliege)
	BMW, seit 1929	BMW-Propeller
	Opel, seit 1964	Blitz
	FIAT, 1968-2000	*Scrabble tiles logo* (Scrabble-Steine-Logo)
	Mazda, seit 1997	*Owl* (Eule)
	Chrysler Dodge, 1994-2010	*Ram* (Schafsbock), (auch als Uterus gesehen)
	Rolls-Royce, Kühlerfigur 'Spirit of Ecstasy'	*Emily, Silver Lady, Flying Lady*

Eines der ältesten noch heute bestehenden Automarken-Logos ist der seit 1903 genutzte Ford-Schriftzug. Allerdings wurde er erst 1927 in die blaue ,Ford-Zwetschge' (,Blaue Pflaume') gesetzt. Chevrolets ,Fliege' (bowtie) ist auch schon fast 100 Jahre alt. Allerdings war der Namenszug früher in statt unter der ,Fliege' zu lesen.

Der ,BMW-Propeller'-weist darauf hin, dass sich die Bayerischen Motorenwerke ursprünglich mit dem Bau von Flugzeugmotoren beschäftigten. Nach dem Ersten Weltkrieg war durch den Versailler Vertrag eine Umstellung auf zivile Verbrauchsgüter notwendig geworden. Die Farben im Propeller sollen den weiß-blauen bayerischen Himmel (und damit die bayerischen Landesfarben) darstellen. Opel, ursprünglich ein Nähmaschinen- und später ein Fahrradhersteller, wurde in der Wirtschaftskrise des Jahres 1929 an den US-Konzern General Motors verkauft. 1910 hatte Opel ein augenförmiges Logo, 1935 war ein Zeppelin enthalten. 1964 setzte sich schließlich der noch heute verwendete, mittlerweile dreidimensional gestaltete Opel-Blitz durch.

Auch der italienische Hersteller FIAT hatte viele Logos, am längsten (1968-2000) war das sogenannte *Scrabble tiles-Logo* (Scrabble-Steine-Logo) gültig. Mazdas seit 1997 verwendetes stilisiertes M-Logo wird auch als Eule gesehen.

Manche meinen im Dodge-Schafsbock-Logo einen weiblichen Uterus (bzw. eine Vagina) zu sehen. Das erstmals 1973 für Dodge Bighorn-Fahrzeuge und ab 1994 für alle Dodge-Modelle genutzte Logo wurde in der Vergangenheit bereits modifiziert, um diesen Eindruck abzuschwächen. Im Jahre 2010 wurde der Schafsbock dann durch ein neues Logo, das nur noch den Dodge-Namenszug und zwei Schrägstreifen zeigt, ersetzt.

Die 1911 eingeführte Rolls-Royce-Kühlerfigur ,Spirit of Ecstasy' wird auch Emily (USA: Silver Lady) genannt.

Literatur und Webseiten

Flughäfen
Spöttische Flughafenbeinamen:

https://www.flyertalk.com/forum/travelbuzz/1632929-nicknames-airports.html

https://www.airliners.net/forum/viewtopic.php?t=397605

Schifffahrt

Jan Maat's kleines Seemannslexikon
http://www.janmaat.de/seemlex.htm

Maritime Webseite zur Ostsee von Antje und Thomas
Wesselhöft mit Lexikon
http://www.wesselhoeft.net/Lexikon/S.htm

Schienenverkehr

www.db-loks.de/tfz/spitznamen.html

www.bahnstatistik.de/spitznamen.htm

http://www.eilzug.de/schilda/index.html

http://trainweb.org/railphot/surnoms.html

http://www.trainweb.org/railphot/Surnoms.html

(letztere vor allem für Schweizer und europäische Bahnen)

Schwedischer Eisenbahnslang:

http://www.thesauruslex.se/ordlista/jvslang.htm

UK
https://uk-transport.fandom.com/wiki/Rail_enthusiast_terminology

Railfans
http://en.wikipedia.org/wiki/Railfan

Bahnlogos

https://retours.eu/en/47-railway-corporate-style/

Irland   http://www.irishrailwayana.com/pa101.htm

UK   http://homepages.enterprise.net/iainlogan/railway/br1.html

Frankreich   http://www.newsnours.com/2008/06/la-sncf-et-les.html

Straßen

Ferienstraßen
http://www.deutschlandtourismus.de/DEU/reiseland_deutschland/master_tlfstr asse.htm

Straßenfahrzeuge

Motorräder
http://www.schlaggo.de/namen.htm (Rolf Schlagenhaft)

PKW
entsprechende Wikipedia-Artikel

VW-Käfer
http://es.wikipedia.org/wiki/Volkswagen_Sed%C3%A1n

2CV (Ente)
http://www.2cv-net.de/nicknames.htm

VW-Bus
http://www.articlesbase.com/cars-articles/nicknames-for-the-vw-bus-585227.html

Autologos
http://www.rogdykker.com/design-evolution-of-40-famous-corporate-company-logos-2

Verkehrsübergreifend
New Yorker Beinamen
http://www.barrypopik.com/index.php/new_york_city/category/C16/P0/

Literatur

Martin Eckoldt (Hrsg.)
Flüsse und Kanäle
Geschichte der deutschen Wasserstraßen
DSV Verlag, Hamburg 1998

Mihály Kubinsky
Bahnhöfe Europas- Ihre Geschichte, Kunst und Technik
Franck'sche Verlagshandlung, Stuttgart 1969

Maurus Pacher
Harenberg Anekdotenlexikon
Harenberg Lexikon Verlag, Dortmund 2000

Erich Preuß, Hans-Joachim Kirsche
Wunderwelt der Eisenbahn
GeraMond Verlag, München 2001

Brigitte Rothfischer
Flughäfen der Welt
GeraMond, München 2007

Martin Schack
Neue Bahnhöfe
Die Empfangsgebäude der Deutschen Bundesbahn 1948-1973
Verlag B. Neddermeyer, Berlin 2004

Weitere Beinamen-Bücher von Richard Deiss

(siehe www.bod.de)

Der Nabel des Mondes und die Träne im Indischen Ozean
333 Länderbeinamen und wie es zu ihnen kam
Books on Demand, Norderstedt 2010

Von der Blauen Banane zum Rhabarberdreieck
222 Regionsbeinamen und was dahinter steckt
Books on Demand, Norderstedt 2009

Elbflorenz und Sprayathen
555 Städtebeinamen und Stadtklischees von Blechbudenhausen
bis Schlicktown
Books on Demand, Norderstedt 2019

Hibbdebach und Dribbdebach
222 Stadtteilbeinamen und was dahinter steckt
Books on Demand, Norderstedt 2019

Schwangere Auster und Hohler Zahn
555 Gebäudebeinamen und was dahinter steckt
Books on Demand, Norderstedt 2019

Schicksalsberg und Fuselfelsen
555 Beinamen von Bergen, Inseln, Seen und Flüssen
Books on Demand, Norderstedt 2019